企业

大升级

（实操版）

王向峰◎著

中国财富出版社

图书在版编目（CIP）数据

企业大升级：实操版 / 王向峰著 . —北京：中国财富出版社，2017.8

ISBN 978 - 7 - 5047 - 6586 - 4

Ⅰ. ①企⋯　Ⅱ. ①王⋯　Ⅲ. ①企业管理—人力资源管理　Ⅳ. ①F272.92

中国版本图书馆 CIP 数据核字（2017）第 218958 号

| 策划编辑 | 周　畅 | 责任编辑 | 张冬梅　王　君 | | |
| 责任印制 | 梁　凡 | 责任校对 | 孙会香　卓闪闪 | 责任发行 | 董　倩 |

出版发行	中国财富出版社		
社　　址	北京市丰台区南四环西路 188 号 5 区 20 楼	邮政编码	100070
电　　话	010 - 52227588 转 2048/2028（发行部）	010 - 52227588 转 321（总编室）
	010 - 68589540（读者服务部）	010 - 52227588 转 305（质检部）
网　　址	http://www.cfpress.com.cn		
经　　销	新华书店		
印　　刷	北京京都六环印刷厂		
书　　号	ISBN 978 - 7 - 5047 - 6586 - 4/F · 2813		
开　　本	710mm×1000mm　1/16	版　　次	2018 年 7 月第 1 版
印　　张	12.5	印　　次	2018 年 7 月第 1 次印刷
字　　数	185 千字	定　　价	38.00 元

前　言

面对眼下的中国经济趋势，很重要的一个关键词就是"转型升级"。事实上，大多数产业都还处于"春秋战国"阶段，"跑马圈地，逐鹿中原"的商业景象随处可见，雅的和俗的、荤的和素的、文明的和野蛮的、老实厚道的和胡作非为的，共同构成了今天这个时代的商场风云。其实，一个相对落后的国家发展为发达国家的过程，必将经历一个腾飞的阶段，只要抓住了机遇，企业必将伴随中国经济一起腾飞！而大多数老板，往往缺少一种战略性布局和运营企业的系统思维。在转型经济下的结构变迁中，决定企业命运的是产业战略和运营状态，这是值得我们花时间思考的地方。

现在很多人都看到了一个重大的商业现象，那就是随处可见的O2O（线上到线下）、"互联网＋"。互联网科技改变着中国的商业思维，同时中国的资本市场也一步步走向繁荣和沸腾，现代金融呈现出新业态，互联网金融已经渗透到各个行业，上市几乎是很多企业的梦想。但当梦想照进现实的时候，我们是否思考过：企业是否需要模式转型？企业是否需要组织再造？企业是否需要资本重构？如果心中没有答案，就需要着眼于两个方面：外部，把握趋势，结合互联网思维，做好顶层设计、突出重围、引领变革；内部，回归到企业管理的本真，把基础做好，围城坚固，抵御风雨来袭！而这恰恰就是本书所阐述的主题。

本书上篇"模式转型与升级"强调新常态下的企业战略转型与升级必须

1

做好顶层设计，分析企业自身的创新与实力，明确重塑生态链的路径，指出"互联网＋"是企业转型升级新引擎，阐述数据驱动下的企业转型升级与竞争力重塑之路。中篇"组织再造与升级"全面解析组织再造，详细介绍流程优化的内容、步骤、方法、工具等，全面讨论企业执行的议题，从实操层面给出绩效评价的方法，深入论述文化创新中的人本文化、制度文化、创新文化建设。下篇"资本重构与升级"解析价值重构观点、路径和方法，介绍股权激励模式、原理与实施步骤，介绍企业并购重组的类型、内容等，介绍公募、私募的方式和流程，论述现代金融种类、特征与作用及互联网金融发展模式，强调草根企业借力互联网金融实现转型升级的必要性和可行性。

　　本书全面解读了企业在转型升级中所面临的问题及如何应对，注重理论联系实际，理论方面有相关案例解析作为支撑，实践方面有具体可行的实操途径和方法，是正在转型和准备转型的企业家们必不可少的参考书。

作者

2017 年 3 月

目录
contents

上篇 模式转型与升级

第一章 顶层设计：新常态下的企业战略转型与升级 >> 3

策略盘点：企业战略转型的五种基本模式 >> 3

方向＋路径：新常态下企业战略转型升级五大路径 >> 7

从"制造"到"智造"：新常态下制造企业转型升级路径 >> 11

精准定位：新常态下中小企业转型与升级的量身定制之道 >> 14

第二章 创新与实力：实施转型升级，打造核心竞争力 >> 18

互为因果：转型升级才能创新，创新支撑转型升级 >> 18

好想法还需要好方法：自主创新，方法先行 >> 21

第三章 "链"起生态圈：提升智能化水平，重塑生态链 >> 31

跳出单个企业小圈子，着眼于做大行业：生态圈是这样"链"成的 >> 31

内部文化生态链：员工满意的企业文化良性生态链构建路径 >> 34

外部全景生态链：企业开放创新生态链的架构、内涵及构建策略 >> 36

基础＋平台＋大数据：企业互联网生态链建设三要素 >> 40

第四章 引发变革："互联网＋"成企业转型升级新引擎 >> 44

"互联网＋"时代，小企业有作为，大企业更有作为 >> 44

传统企业在"互联网＋"时代应如何转型升级 >> 47

"互联网＋"时代企业实现互联网化转型的五个步骤 >> 50

从几个案例看"互联网＋"形势下的企业转型 >> 52

第五章 大数据管理：企业转型升级与竞争力重塑之路 >> 56

技术指导：大数据的收集、分析、挖掘和应用 >> 56

传统企业如何通过"大数据＋O2O"转型升级 >> 61

企业如何运用大数据力量实施精准营销 >> 63

大数据时代企业需建立三种文化　>> 66

中篇　组织再造与升级

第六章　组织再造：跑赢新常态的保障　>> 71

改变企业组织结构的原则、方法和步骤　>> 71

建立供应链组织，适应供应链经济　>> 75

虚拟企业——供应链企业组织形式　>> 77

企业组织再造中的四种组织控制方式　>> 80

第七章　流程优化：流程管理的再造与升级　>> 84

企业实施流程优化的具体内容　>> 84

企业实施流程优化的三大步骤　>> 86

企业流程优化的几种基本方法与工具　>> 88

企业业务流程持续优化的三个方法　>> 92

第八章　企业执行：连接企业战略目标与实现目标的桥梁　>> 96

影响企业组织执行力的七个关键因素　>> 96

企业提升组织执行力的三大要素　>> 100

不可或缺的企业组织执行三大核心　>> 103

铸造企业执行力的六大执行法则　>> 105

第九章　绩效评价：激活企业转型升级的法宝　>> 109

基于绩效管理的企业绩效激励机制的构建方法　>> 109

企业绩效管理之 KPI、GS、KCI 指标设计方法　>> 111

避开关键绩效考核指标设计的量化误区　>> 115

第十章　文化创新：企业转型升级的根本动力　>> 118

找准企业文化建设三大切入点，推动企业转型升级　>> 118

重视企业人本文化，增强企业凝聚力和员工归属感　>> 120

建设企业制度文化，协调和规范员工的行为　>> 123

培育企业创新文化，发掘企业自身优势与核心竞争力　>> 128

下篇　资本重构与升级

第十一章　价值重构：企业资本运营的终极目的　>> 133

股东利益就是企业利益：企业的经营目标应该是股东价值
　　最大化　>> 133

资本运营三大支柱：治理结构、管理团队和商业模式　>> 135

路径选择：企业要选择适合自身发展的资本运营路径　>> 138

资本玩法：公司上市前资本运营的五种途径与方法　>> 140

第十二章　股权激励：企业转型升级的第一生产力　>> 142

单选还是组合：股权激励常用四种模式的案例剖析　>> 142

缺一不可：股权激励之"五步连贯法"基本原理与设计　>> 148

实施步骤：股权激励方案落地实施流程解析　>> 154

第十三章　并购重组：打造企业"升级版"的重要
　　　　　　途径　>> 158

公司并购常见的三种方式　>> 158

公司并购的基本程序　>> 160

公司重组的几种常见方式　>> 164

公司重组模式与流程　>> 167

企业并购重组需要依照的原则　>> 168

第十四章　公募与私募：依托资本市场，加快转型
　　　　　　升级　>> 171

公司债的独创：大公募、小公募与私募　>> 171

IPO 流程各阶段重点内容及证监会审核环节　>> 173

私募股权融资运作流程　>> 177

第十五章　现代金融：企业转型升级的一大利器　>> 180

现代金融的特征与作用　>> 180

互联网金融六大主要发展模式　>> 182

"草根企业"转型升级，如何借力互联网金融　>> 186

参考文献　>> 188

后　记　>> 189

上　篇

模式转型与升级

第一章

顶层设计：新常态下的企业战略转型与升级

新常态下，企业融合创新发展的转型升级之路，首先需要进行顶层设计：要根据自己的实际情况来拟定转型的模式；要根据外部环境的变化及时调整发展战略，有针对性地细化分解实施；制造企业要从传统制造模式向服务型制造、共享经济、工业互联网最终到物联网模式演化；中小企业领导者必须打破思想局限，眼观六路，顺势而为，为自己的企业制定出合适的转型升级战略并实施。

策略盘点：企业战略转型的五种基本模式

企业是产业的组成单元，宏观上的产业升级和转型只有通过微观的、具体的企业的升级和转型才能实现。下面根据企业战略管理的理论和实践，提出企业转型的五种基本模式。

1. 企业战略管理分析

企业转型是指企业的重要方面在本质上和模式上的彻底改变。所谓重要方面，就是事关企业的生死存亡、兴旺衰败的重大事情。所谓本质上的改变，不仅仅是数量上的变化，而是通过量变导致的质变或不经过量变而出现的突变。所谓模式上的改变，就是模样和形式都已彻底改变。例如，企业的资本模式从单一老板改变为多个老板再改变为上市公众持股；企业的组织模式从单一公司改变为多家公司再改变为集团公司；企业所经营的产业从第一产业改变为第二、第三产业；企业的业务模式从 OEM（代加工）改变为 ODM（自主品牌）再改变为 OBM（品牌制造）；企业的管理模式从董事长兼 CEO（首席执行官）改变为董事长和 CEO 由不同的人担任，这些都属于企业转型的重要内容。

显然，企业转型应该具备企业战略的三大特征，即认定方向（企业战略中"定位"的含义也是"认定方向"）、确立目标（为确立企业的根本长期所做的规划或计划）、全力以赴（以不屈不挠的态度改进和执行）。因此，它属于企业战略的范畴，也就是说，必须在战略管理的框架中把控企业转型的内容、模式和路径。各种文章中经常用到的"转型战略"或"战略转型"其实就是这个意思。

企业战略管理的内容分为三大部分：一是战略的制定，也就是战略的规划；二是战略的实施，也就是战略的贯彻和执行；三是战略控制，也就是对战略的执行效果进行有效性评估和反馈，并相应调整原定战略。

企业战略管理可以从五个层面来做：第一，公司战略，即整个公司的生存战略和发展战略；第二，业务战略，即公司所从事的各个业务模块（或事业部等）的经营战略；第三，职能范围战略，即各职能部门的具体战略，如产品战略、人力资源战略、营销战略、财务战略等；第四，战略项目的战略管理，即一项具体的、有战略意义的投资、开发项目的战略管理；第五，针对一个业务专题的战略管理，如针对上市为目标的战略管理、针对兼并为目标的资本运作战略管理、针对某一（组）竞争对手而做的竞争战略管理。

2. 企业转型的五种基本模式

根据对企业战略管理的内容、特征、层面等几个方面的分析，企业转型可以采取的基本模式一般有以下五种。

模式一：公司战略层面的转型。

公司战略层面的转型模式是企业最彻底、最本质的改变，涉及企业的愿景、使命、核心价值、长期发展目标和业务界定等。这种转型将导致企业脱胎换骨、改头换面。

模式二：业务战略层面的转型。

业务战略层面的转型模式是企业核心业务的改变，涉及企业所从事的行业、产品定位、市场定位、业务总目标等。这种转型将导致企业业务内容和业务模式的彻底改变。例如，某集团公司从铝型材生产销售转型为家私城和其他商贸地产的开发经营，成立实业公司，迈出专业市场开发的战略步伐。该集团的转型模式就属于业务战略层面转型的范畴。

模式三：职能范围的转型。

职能范围的转型模式是企业中一个或几个职能部门的职能模式的改变，本身是企业局部的、部分的转型或是企业整体转型的一种（组）配套措施，是在公司战略和业务战略两个层面确定的基础上来开展的。这种转型不会改变企业的核心基础和核心业务的本质。例如，某涂料公司通过与世界知名化工企业威士伯及巴斯夫、拜耳、杜邦等的战略合作，成功实现了资本、技术、产品和市场的国际化转型战略。该公司的国际化战略转型，涉及了财务、技术、生产、市场等职能部门的组织和运作模式的转变，但该公司的核心基础和核心业务并没有发生本质改变。

模式四：战略项目的转型。

战略项目的转型模式是企业在业务战略确定的框架内，改变一项或多项具体的、有战略意义的投资、开发项目。例如，广州市白云区在转型路径过程中，无论是战略谋划，还是规划统筹，决策者都将重大项目思维贯穿其中，而不是为战略而战略、为规划而规划。由于空港大道这一重要项目的启动，白云区的城市骨架才逐渐明朗，白云新城与周边区域、航空大都市与空港经济核心区的关联才逐渐清晰。此外，在陈田片区的规划统筹中，提前深度考虑永泰茶山庄旧厂房升级改造等六个重大改造项目、产业项目的布局，使白云区城市更新有了真正的破局。

模式五：专题战略的转型。

专题战略的转型模式是指企业通过运作专题战略，使企业在某方面实现转型。例如，联想集团通过收购 IBM（国际商业机器公司）的全球个人计算机业务得到了原来需要多年积累的资产，实现国际化转型。IBM 有着无可挑剔的产品品质，其笔记本电脑更是一直牢牢吸引着一大批高端商业用户；IBM 还拥有很高的全球品牌认知度和一流的国际管理团队、多元化的客户基础和分销网络。此次收购成为联想品牌国际化进程中的重要一步。

在实践中，企业转型的五种模式，其风险是依次递减的，如表 1 - 1 所示。

表 1 - 1 　　　　　　　　　企业战略转型的风险

五种模式	转型规划制定	转型方案实施	转型控制
公司战略层面的转型	☆ ☆ ☆ ☆ ☆	☆ ☆ ☆ ☆ ☆	☆ ☆ ☆ ☆ ☆
业务战略层面的转型	☆ ☆ ☆ ☆	☆ ☆ ☆ ☆	☆ ☆ ☆ ☆
职能范围的转型	☆ ☆ ☆	☆ ☆ ☆	☆ ☆ ☆
战略项目的转型	☆ ☆	☆ ☆	☆ ☆
专题战略的转型	☆	☆	☆

需要说明的是，上表中"☆"的数量表示风险的相对程度，但并非绝对的定量。因此，企业要根据自己的实际情况，特别是风险承受能力来拟定转

型的模式。现实中大部分企业选择了第三种转型模式，也就是在职能范围上做改变。这是一种比较稳妥的转型模式，但也是效率最低的模式。职能范围的转型与其他模式的转型相配合，才能实现跨越式的企业转型。

方向＋路径：新常态下企业战略转型升级五大路径

新常态下，去泡沫、去产能、去污染、去杠杆，都是为了全局和长远而主动做减法；进一步开放，发展自由贸易，则是为全局和长远发展做能力储备。企业为谋求长远可持续发展，必须自我革新，主动实现发展战略转型。可以通过以下五大路径进行战略性调整。

1. 由成本推动型发展，向市场倒逼式发展转变

新常态下，企业都有一个重新适应的过程，企业的竞争对手也在调整发展方向，市场格局将出现一轮结构性调整。同时，新常态下，市场在资源配置上起决定性作用，使得市场弹性增大，企业经营风险加大。这就要求企业由单向的成本推动型发展向双向市场倒逼式发展转变。

所谓单向成本推动型发展，就是说企业根据终端市场需求，组织各种资源进行生产经营活动，忽视上游生产资料的变化。这种方式很容易因为上游情况的变化影响下游市场的开拓，造成效率低下、风险增大。所谓市场倒逼式发展，就是企业要看上下游双向市场的变化，寻求两个市场之间的动态盈利空间，根据整体市场格局和市场配置资源的情况，灵活调整生产经营活动。不难看出，这两种发展模式的本质区别：前者是单向决策，可能在短缺经济周期、下游市场有利的情况下获得较好的收益，但是在过剩经济周期下，将面临不可持续发展的风险；后者是一种区间决策，在一个时期内区间发展，可能会丧失上行突破区间的超预期发展机会，同时回避了突破下行区间的发

展失速风险和隐患，以持续性、稳定性发展为核心，积少成多，阻止大起大落，总体受控，是区间发展的本质追求，也就是抱着平常心实现常态化发展，这更符合新常态的环境。

以纺织服装企业为例，纺织服装企业在组织生产经营活动时，不仅要了解产品市场需求情况，研究什么款式类型的服装能够满足消费者的需求以及消费者对商品价格的承受能力水平，还要了解上游棉纱市场情况，掌握组织生产所消耗的主要原材料成本波动情况，同时也要了解化纤市场情况，考量原料替代的合理性和经济性，做好必选方案。这就是说，企业只有掌握多个市场动态信息，有效规避经营风险、有效益发展的基础和目标才能有所依据，才能在市场中做出稳、准的决策。

2. 由横向联盟发展，向纵向产业链协同发展转变

企业横向联盟发展有助于形成价格联盟，获得竞争优势。新常态下，自由贸易程度提高，市场参与者增加，市场将更加公开、透明，企业间横向联盟发展格局在新常态下将会打破，联盟间企业反过来会成为竞争对手。在这种情况下，企业要想赢得发展空间，就要尽早向纵向产业链协同发展转变，扩大与产业链条间的企业合作。

新常态下，企业纵向产业链之间的信息渠道、物流通道更为高效、便捷，为企业与产业链上下游企业协同发展提供了便利条件，同时产业链衔接环节存在提升效率的增值空间，可以通过产业链无缝衔接共同挖掘，实现多赢。而且产业链企业间相互协同，优势互补，扩展了市场环境下的腾挪空间，可以增强各自抵御市场风险的能力。可以说，企业向纵向产业链协同发展转型，具有长期稳定发展的功效。

3. 构建动态价格传导机制，向运营创新转变

新常态下，随着经济改革的深化，市场经济活力增强，促进了商品弹性

的增加，引发价格变动的因素不断增多。因此，企业在经营活动中应完善价格分析和预警机制，提高对价格波动的分析决策能力，科学预见并指导生产经营活动，避免价格不合理波动给企业带来的外在损失。同时，要结合自身发展的实际情况，密切关注上下游产品的变化和传导，深入分析国内外市场相关商品的供求、进出口、成本和价格情况，做好主要相关商品的价格监测分析和预警分析工作，及时发现影响价格变化的苗头、倾向和趋势，采取有效措施调整生产经营活动，顺畅传导上下游的价格。尤其是在价格传导迟滞、扭曲和不确定的情况下，更要积极运用货币市场、商品市场的一些金融工具，制订有效地规避风险的方案，对冲价格传导失灵情况下企业经营的部分风险。

例如，国际油价出现下跌后，国内市场是根据国际市场原油价格波动十个交易日后跟随调整，就存在着价格传导滞后的问题。如果经营油品的企业仅仅根据国家发展和改革委员会制定的终端产品价格进行决策，市场消费者可以预期到价格下调，油品销售将无法得到市场认可，容易造成库存积压，甚至带来更加严重的后果。但是，如果企业建立了国际和国内油品价格联动传导机制，在国际市场开始出现下跌的同时，卖空油品期货，待油品现货价格出现调整后，按市场接受的价格销售油品，同时平仓卖空期货头寸，现货价格损失部分将能通过期货市场盈利部分有效实现对冲，就能规避油品价格大幅下跌的风险。在市场不利的情况下，实现稳定发展就能产生竞争力，在竞争环境下胜出。

4. 增强产品科技含量，向技术创新转型

新常态下，企业有了大力提升自主创新能力的时机。这是因为在去产能化、去污染化的外部政策环境下，高耗能、低价格倾销式恶劣竞争态势将得到遏制，追求有质量、可持续发展的企业，生存环境将得到改善，营造出技术革新、管理创新难得的清静环境。同时，目前信息技术、智能化技术及新

材料领域的蓬勃发展，为企业技术革新创造了良好的条件。

因此，企业应积极研究并运用这些新技术，激励企业内自主创新行为和科技人员的创新激情，根据市场需求，通过发展智能化信息、生产工艺流程自动化控制技术等新技术，提升产品技术含量，大力提升企业的生产力水平。有了技术创新能力，就能够响应市场需求，甚至创造市场需求，企业创新发展就有了立身之本。

5. 在管理机制上进行转型

旧常态转变为新常态，必然会遇到一些阻力，因此，企业要实现转型和发展，必须在管理机制上进行转型。

一要重塑与新常态企业战略发展目标相适应的统一高效的决策机制。新常态下，企业的外部环境不断变化，但是企业的发展目标却始终统一在有质量有效益的发展上，当质量发展和效益发展不能兼顾时，就要从源头寻找原因，厘清长远目标和短期目标的关系，保持定力，分清主要矛盾和次要矛盾，集中资源解决主要矛盾问题，避免眉毛胡子一把抓。

二要构建灵活的考核机制，充分调动和保护企业员工的积极性。制订具有弹性空间的考核目标，留有余地，业绩考核时，要分清楚企业业绩构成的原因，区别市场环境因素和主观努力业绩之间的关系，避免刚性约束机制影响员工努力的积极性，为企业在新常态下转型和发展营造良好的内部环境。

总之，社会经济结构和发展格局在新常态下将逐步演变，企业要深入分析市场、技术、资源、政治等外部环境因素的变化，并以此为依据，及时调整发展战略，有针对性地细化分解实施。战略发展方向的确定必须适应新常态，发展目标应以有质量、有效益为目标，发展动力应优先考虑管理创新、技术创新，赢得战略上的主动。

从"制造"到"智造"：新常态下制造企业转型升级路径

改革开放四十年来，中国制造企业依靠人口红利和低成本优势迅速发展壮大起来，为区域经济的快速发展带来了强大动力，成为经济增长的重要力量、财政收入的重要来源和解决就业的主要渠道。但是"中国制造"的低成本优势逐渐丧失，原有的粗放型成长模式难以为继，企业的生存发展面临严峻挑战。新常态下，中国制造的升级路径就是从"制造"到"智造"，具体来说，就是从传统制造模式向服务型制造、共享经济、工业互联网、物联网的模式演化。

1. 服务型制造转型升级路径

服务型制造，简而言之，就是基于制造的服务和面向服务的制造，是一种制造与服务互相融合促进的制造模式，具有资源整合、促进创新与价值增值的特点。《中国制造2025》明确指出要将服务型制造作为中国制造转型升级的主要路径之一。2016年7月，工业和信息化部、国家发展和改革委员会、中国工程院联合印发《发展服务型制造专项行动指南》，为整个中国制造业发展服务型制造进行了具体规划和指导。

从服务型制造的发展而言，服务型制造的产生离不开世界制造业的发展趋势转变，进入20世纪90年代以后，世界经济与制造业产生了三个深刻的变革：一是整个世界经济逐渐向服务经济演变，进入到服务时代，发达国家服务经济在整个经济中的比重普遍占到70%以上；二是制造业本身的充分服务化，世界制造五百强企业中服务环节所产生的收入占到了整体收入的大部分；三是消费领域的变化，顾客不再满足于大批量生产的一致性产品，而是越来越追求个性化、差异性的产品，同时希望获得更好的服务体验。因此，在这种趋势下，原有工业时代典型的大批量同质规模化生产的模式，被重新组织、高度柔性化从而提供个性化差异产品＋全生命周期服务的新的产业模式所替代，这就是服务型制造模式。

中国制造业发展服务型制造模式，将具有三个明显的特点：一是通过企业之间增强服务而带来的相互耦合关系，重新组织全产业链的设计、研发、生产、配送等资源，从而更有效地提升企业自身的核心竞争力；二是通过服务与制造的结合，充分鼓励生产端与消费端的融合促进，从而激发更好地满足消费者需求的技术创新；三是通过不断加强服务环节，不断提高产品的附加值和制造业的整体盈利能力。

2. 共享制造转型升级路径

服务型制造的提出和其思路，主要针对的是在互联网时代的前期，需要通过对现实产业链关系的重组和服务增强来实现整体制造业的提升。进入网络时代后，互联网具有跨时空、低交易成本和大规模的资源调度能力，为更新的制造业模式打下了基础。共享经济所衍生出的共享制造，就是网络经济展现出来的一种新型制造模式。

共享经济在制造领域的拓展，就是共享制造模式，其核心是在整个网络技术发展的基础上，实现不同地域制造资源的共享和交易，从而在更大范围内实现制造资源的最优化利用和减少重复投入和浪费。这对于降低制造端的成本和促进整个制造体系的效率提升都有极大的帮助。共享制造的主要体系包括三个方面：一是制造资源的共享与交易平台；二是制造需求的传递与产品交付体系；三是共享制造资源的管理与质量维护体系，这些都需要认真地进行研究并在实践中解决。

3. 工业互联网转型升级路径

共享制造只是网络经济在制造领域延伸的第一步，是将已经具有的生产资源的共享和再利用。随着网络技术在制造领域的进一步延伸，制造领域最终是要形成整个生产资源系统的连接和网络化调度。也就是说，整个制造体系中的各个环节的研发、设计、制造、运输、服务等资源，最终都被纳入整个工业互联网的平台之中。在这样的工业互联网中，地域的限制和技术能力的限制已经不再成为制造能力的制约，因为整个工业互联网上的资源都是可以分享调度的。

工业互联网的发展也将分几步演化：第一步是在初始阶段，实现小范围的制造资源的互联网化，这在很多企业已经实现；第二步是在企业的区域范围内，实现较大面积（如园区和区域）的生产资源互联网化；第三步是在整个企业的范围内，实现大面积异地调度的广泛生产资源互联网化；第四步是在同产业内，实现同产业领域的大规模生产资源的互联网化；第五步是将不同产业的制造资源的统筹化，形成完整的复杂产品网络制造体系。

当然，工业互联网的发展，也并不是没有问题。在工业互联网的早期，企业在小范围实施生产资源的互联网化时，较容易推进；到工业互联网拓展到跨越企业边界时，就涉及到了一系列包括质量追溯、产品品牌、企业特质差异等深度问题，这些都远超工业互联网的技术本身。但无论怎样，随着网络技术的发展和对不同行业的深度嵌入，中国制造业必将走向工业互联网的演化，极大地提升整个制造业的竞争与创新能力。

4. 物联网转型升级路径

在完成了共享经济将消费品实现共享和工业互联网实现了生产资源的连接后，更深层次的制造模式的演化，就是最终要实现基于万物互联的物联网。

物联网的实施，是一个可以预见但依然需要数十年才能充分实现的未来。同样，也面临着诸多的技术问题与社会管理问题。技术方面的若干问题，如需求端的客户需求快速感知和识别技术、制造资源端的制造资源全面分享和调度技术、全制造环节过程的人工智能决策和资源调度、遍及全球的快速物料配送体系等。而在社会管理方面的问题，则包括物质充分满足后产品价值的如何判定和交易、企业与企业之间的区别与存在意义、全球物料体系的资源协调及交易与分配，等等。

中国制造的转型升级战略，尽管有多种路径和方式，但总体而言，就是沿着从传统制造模式向服务型制造、共享经济、工业互联网最终到物联网模式的演化路径。需要强调的是，这几个阶段并不是一个逐级演化的过程，而是各个模式同步演化，其程度上是有所差异的。整体而言，就是将孤立、分散、低效率、低价值的制造体系，变成一个完整、整合、高效率、高价值的制造网络体系的过程。在未来的时间内，中国制造必将通过坚持的努力持续解决问题，实现"中国智造"，成为世界制造体系丛林中最有竞争力和价值的一支重要力量。

精准定位：新常态下中小企业转型与升级的量身定制之道

转型升级是结构性矛盾，传统的商业模式已经式微这是共识，但是究竟多大程度上削减了企业的利润，这一点可能在不同的产业、不同的企业会有不同的表现。就中小企业而言，成本上升问题、技术问题、资金问题等都是较为显著的制约因素，但这些问题的核心乃是企业领导者的思想问题。尤其是在新常态下，思想的局限会制约企业的各个方面。下面，我们就从流程再造、产品升级换代、"互联网＋""跨界"、对接资本市场等几个方面来探讨新常态下中小企业的转型升级之道。

1. 流程再造，降低成本

很多中小企业的问题在于产品还能卖，利润率却逐步下降。这里面有技术问题，从技术上能够降低成本很好，但中小企业技术上有短板，最可行的就是向管理要效益。

其实有很多中小企业需要流程再造，一般的流程再造里面大企业做这方面咨询的比较多，像流程管理活动增值分析表则更被中小企业需要。中小企业大多是劳动密集型，如服装制造、玩具制造、鞋帽制造都是劳动密集型产业；包括一些机械类、加工类的，都是劳动密集型产业。流程再造成本控制的途径，对中小企业来说有非常重要的意义。以钢材为例，通过流程再造（当然也包括可能的技术改造）的话，一吨钢的成本能降低 10 元，效果非常好。相比服装、鞋帽，这些产品市场价格非常透明，很难有品牌议价，这样的情况下大家拼的就是成本。通过企业的流程再造进行管理，带来的效果会立竿见影。

2. 产品升级换代

产品的升级换代，是中小企业转型升级的一个非常重要的方面。从创新的角度来看，新产品要有三个方面的创新：外观创新、功能创新、材质上的创新。颠覆性的创新，对于绝大多数的中小企业来说基本上是不可能的，所以中小企业下大力气研究出来的可能性不大。外观创新是中小企业很容易走的路，还有功能上的创新，比如乐视新出的双镜头光学变焦可以达到四倍，说明在功能上的创新不一定在核心技术上有多强，但是功能上会比较强。而且材料上的创新也比较强，从可再生资源来说，优先选用可降解的材料，比如同样还是塑料，但是做成了可降解的，当成本有一定控制、国家有一定补贴的时候，也是很好的转型升级的道路。

3. 做好"互联网＋"

对中小企业来说，"互联网＋"是最可行的转型升级方式。但是，中小企业的"互联网＋"不是想加就能加，它不是一个标签，不是简单地将互联网与传统产业黏在一起，也并非一朝一夕就能完成的。"互联网＋"究竟应该

"加什么""怎么加""怎样落地""最终能达到什么效果"等，这是所有企业都需要认真思考和解决的问题。

在经济新常态下，中小企业的"互联网＋"就是把互联网融入传统企业的每个环节中，以用户为核心，设计并生产产品，从而砍掉低效率、不合理的部分。当下传统企业面临的困境，比如采购成本高、去库存化难、用户黏性不高等，通过互联网大数据，清晰地比较成本高低、用户定位与市场需求，从而不断去满足用户。

中小企业应尽快确定企业的"互联网＋"发展模式，将互联网与区域优势相结合，与企业优势相结合，与专业优势相结合。充分利用互联网思维和大数据，融入企业的生产、采购、储存、营销全过程，融入企业管理和文化之中，达到可持续发展的目的。

4. 探索跨界转型模式

中小企业的转型升级里，一个具有相对颠覆性的战略就是跨界。先来看几个例子，滴滴打车跨界与华住酒店集团合作，在华住 App（应用程序）端开通打车平台，实现"实时专车＋预约专车"双重叫车功能；与蒙牛以"牛运红包"冠名滴滴红包，早上乘坐滴滴专车的乘客，将有机会喝到早餐奶。京东在面对支付宝与微信红包瓜分移动支付市场时，也与麦当劳展开了跨界合作，通过麦当劳全国门店，进而绑定手机客户端和网银＋，来引导用户手机支付……这些都是巨头企业跨界作战的典型案例，种种创新模式，值得中小企业学习。中小企业虽然不能像巨头企业那样通过跨界创新模式迅速调整抢占市场，也不能及时探索出应对策略，但是在未来的经济市场作战中，大批中小企业采取彼此抱团取暖、共同抵制垄断、进行资源互换互助、共同成长的现象，将会持续增多。

中小企业的跨界包括纵向的跨界（如产业链上下游延伸跨界）和横向的跨界。比如有一家原来做自卸车的企业，觉得起重机械市场没那么好了，后来转型做环卫车。再如一家搞化工的企业以前污染环境，现在做了环保。这说明中小企业在相关行业里的转型相对会容易一些。

值得强调的是，中小企业跨界必须先有跨界思维。所谓跨界思维，就是大世界大眼光，用多角度、多视野来看待问题和提出解决方案的一种思维方式。它不仅代表着一种时尚的生活态度，更代表着一种新锐的世界大眼光。

5. 对接新三板资本市场

新三板是解决中小企业融资难的一个重要途径。企业上新三板后，财务透明了，再融资起来就容易了，要发债也容易。如果一个财务规范的企业想做融资，哪怕就是做一般的股权融资，上新三板也会比没上新三板有好处。这方面的例子现在有很多，没有挂牌新三板的中小企业应该好好学习借鉴。

中小企业必须转型。所谓"站对了风口，母猪都能飞上天"，这里的风口就是"势"。中小企业不怕规模小，就怕不得"势"。中小企业相对具有独特的灵活性，在转型中遇到的核心问题与大中型企业往往不同，其根本原因往往集中于中小企业家的理念落后和思路模糊：不顺"势"的固守和跟风转型的盲从。因此，企业领导者必须打破思想局限，眼观六路，顺势而为，为自己的企业制定出适合的转型升级战略并确保实施。

第二章
创新与实力：实施转型升级，打造核心竞争力

创新是企业实施转型升级的内在动力，只有不断创新才能打造实力，使企业具有核心竞争力。创新的方式有很多，建立好的机制和系统非常重要，而保证能够建立起好的机制和系统不仅需要企业领导者转变思维，大力培养员工的创新能力，而且需要合适的创新工具。本章着重介绍的十大科技创新战略工具，可以帮助企业的自主研发体系及创新体系更快、更好、更有效地运行起来。

互为因果：转型升级才能创新，创新支撑转型升级

企业转型升级的内在动力是创新，也可以说，转型升级考验企业的创新能力，考验企业的智慧。传统企业只有转型升级，才能实现创新，而创新又会反过来支撑企业的转型。转型升级与创新二者互为因果。在这里，我们不妨先通过中国能源建设集团有限公司（简称中国能建）这个例子来感受一下创新对企业转型升级的意义。

1. 中国能建：科技创新支撑转型升级

中国能建成立于 2011 年 9 月 29 日。自组建以来，中国能建不断完善

科技创新体系，建立了由科学技术委员会、专业技术委员会、总部科技信息部、子企业科技管理部门组成的科技管理组织体系，形成了以工程研究院、院士工作站、六个博士后科研工作站、三个国家级和三十七个省级研究机构为主体的科技创新研发体系。

中国能建的科技投入结出了丰硕果实。截至2016年10月，中国能建共获得国家级科技奖八项、省部级科技奖一百三十项；获得专利授权四千多项，其中发明专利五百多项；获得软件著作权授权三百多项。共承担了国家和省级科技计划项目六十三项，获得政府科研经费资助约一点五亿元。中国能建以这些重点科技项目为核心，落实科技发展规划，在电力建设领域开展了一系列科技创新，在智能电网、高参数燃煤发电、新能源等技术领域实现突破，在电力建设领域始终保持技术领先。

中国能建信息基础设施已经初具规模。在管理信息化方面，统一建设了人力资源管理、财务管理、资金管理、科技管理、计划统计、电子采购、邮件、网站群、沟通平台等系统，一方面实现了集团数据采集与分析，为管理决策层提供决策支持信息；另一方面有效管控现有资源，提高了管理水平和管控力度。

在主营业务信息化方面，规划咨询业务围绕"能源智囊，国家智库"的愿景，完成了国家能源规划基础数据库、中国能源基础信息网、中国电力信息资源平台等的建设，开展了电力需求预测模型、电力供需形势分析系统、电力项目信息系统、电网工程智能决策支持系统等的建设。勘测设计业务持续推进工程设计项目管理系统，实现了全过程数字化协同管理，大力开展以三维设计为核心的数字化设计平台建设，实现了主要专业数字化设计，其他专业具备数字化建模能力，逐步推进工程材料信息向下游的传递，部分实现对业主的数字化移交。

工程建设业务初步建立起多项目管控平台和资源调度系统，理顺了项目管理信息流，强化了对项目执行的总体管控和支撑，提升了项目集约化管理水平和异地复制能力。装备制造业务实施了 ERP 系统（企业资源计划），开展了供应链管理，在优化设计、仿真分析方面进行了有效实践。仅"十二五"期间，中国能建共获电力行业信息化优秀成果奖三十六项，电力行业优秀计算机软件奖四十三项，目前共拥有软件著作权三百多项。

（注：以上资料来源于《中国能源报》2016.10.10，有删改）

中国能建靠科技创新支撑转型升级的例子有力地证明：科技是提升企业竞争力的决定性因素，创新是提高科技水平的关键。从市场形势、科技竞争和知识产权保护强化的趋势看，任何企业对于求变创新都不容犹豫和等待！

2. 让创新支撑企业转型升级

创新并不是很遥远，它就在每个人的身边，就在企业的周围。也不是所有的创新都要依赖高学历人才、充裕的资金。有很多企业是在经历了连连的失败，遭遇了许多想象不到的困难和阻力之后，靠着创新人员坚强的毅力和奉献牺牲精神，才取得成功的。有的企业通过与大学、研究所进行技术合作，利用资源达成技术创新。也有一些企业是通过对产品做一些小小的改进与创新开始的。例如，在原来产品的基础上增加一个新的功能，在包装上有一些人性化的设计等。

除了技术创新，还要坚持管理创新和经营创新相结合。创新应该是一个体系，只有系统创新才能在市场竞争中获得成功。在高成本时代，不少聪明的企业已经开始向供应链的各个环节要利润，而要从供应链处获得利润，则需依靠持续的管理创新和经营创新。例如，库存成本的控制，经济好的时候，零售商们会把某些产品半年甚至一年的量买下来，如此一来，管理和设备的成本都很高。经济形势不好了，不少企业就在管理上做了创新，通过做几周甚至更短期的库存、增加下单频率、减少单笔订单量等方式来增加利润。

在经营创新方面，不少企业通过不断发现社会的潜在需要并把它变成产品，帮助用户解决问题，开创一个新的市场。这样的创新可以带来的利润无疑是非常高的。

总之，企业需要持续不断地创新，才能为自身提供无穷的生命力，实现转型升级。企业要以创新为发展战略，只有有了这样的发展战略，企业的目光才会更加长远。创新的方式有很多，建立好的机制和系统非常重要。虽然创新之路充满了艰难险阻，但从长远来看却是企业持续发展的唯一道路。

好想法还需要好方法：自主创新，方法先行

企业在转型升级过程中，在面对任何希望开展创新或面临不确定性问题的时候，都需要了解应在何时以何种方式运用创新的方法，以提高成功概率。创新方法是科学思维、科学方法、科学工具的总称，下面我们从领导者转变思维、培养员工创新能力、企业科技创新战略工具三个方面进行探讨。

1. 企业领导者要转变思维

决定一个人成功的最关键因素是思维模式，不在于智商的差异。企业运营也是如此，一个具有良好思维力的企业主才能成长为真正的企业家，而不具备基本思维力的老板，则可能永远没有出头的机会，思维和观念才是控制成功的核心密码。作为企业"领头羊"的领导者，应该从以下几个维度转变思维。如表2－1所示。

表 2 - 1　　　　　　　　　　企业领导者转变思维的维度

维度	含义
从经验型到学习型	学习型企业是未来成功企业的模式。企业领导必须把思维开发放到战略性地位，认识到学习是不可缺少的竞争战略。微软公司前总裁比尔·盖茨连续多年成为世界首富，他所领导的微软公司之所以成功，其中重要的一条就是创建学习型企业。领导必须倡导学习型战略，高度理解学习的过程就是思维升华的过程，学习是一种新的工作方式，通过工作学习化、学习工作化的模式，实现持续的以变应变，达到管理的最高境界
从单维型到多维型	企业的发展和员工的利益取向都复杂无比，迫使领导者不得不从多个角度思考同一问题，在选择衡量最佳方法的过程中，他们发现了应对各种挑战的有效方式，培养成了多面性、系统性思考问题的能力，成就了领导者的卓越才能。竞技体育的发展就证明了这一点，足球作为一个集体运动项目，需要一种整体的团队精神，而为此就要制定各种战术、打法，这些战术、打法一旦被对方了解、掌握，就很难取胜。因此领导思维方式的不断突破、提升跨度，从是与非、对与错的简单两维世界，扩大到全方位多维世界思考问题是极其重要的
从封闭型到开放型	当前经济全球化是不争的事实，许多企业在创业之初就朝着全球化方向发展，企业领导也必须走出封闭的、固有的思维模式。尤其是在新常态下，企业领导人必须解放思想、与时俱进，在游泳中学会游泳、在发展中勇于创新、在成功企业中吸取营养，在全球市场上开阔视野，以持续创新的思维理念推进企业的不断发展
从静态思维到动态思维	企业要做大、做强，动态思维是第一位的。动态思维就是要破旧立新，抛弃陈旧观念，勇于接受新生事物，就是改变常规思维方式，多层次、多角度、多渠道地研究问题，以企业的发展战略为己任，探索生存之道、发展之道、制胜之道，全面实现自己的人生价值和社会价值。具有动态思维能力的领导和普通领导的区别在于，前者总是能变被动为主动、变消极为积极、变不利为有利、变静态为动态，抓住机遇、乘势而上、超越困境，实现企业的腾飞

2. 大力培养员工的创新能力

企业转型升级实现可持续发展必须构筑在不懈的创新上，其根本的源泉是依靠广大员工的共同参与。因此，要重视培养员工的创新意识，充分调动员工的创新积极性，发掘员工的聪明才智，肯定创新成果，搭建鼓励创新、肯定创新的良好平台，形成创新的长效机制，提升行业创新实力。为此，可以从以下几个方面入手。如表 2 - 2 所示。

表 2 - 2　　　　　　　　　　培养员工创新能力的方法

方法	实施要领
紧密实践，注重积累，提供创新能量	"实践出真知"，不断实践可以使员工拓宽视野，增加见解，吸收新知识，积累实际工作经验，增强工作能力，提升职业素质，为创新能力提升提供能量源头。在企业员工创新能力培养的过程中，应紧密联系工作实践，注重员工知识积累，定期要求员工进行实践总结
培养思维，主动求新，引导创新习惯	员工具备良好的创新思维有助于企业健康持续发展。在日常的工作中，应着重于员工创新思维的培养，通过实际工作，配合各种企业活动，改变工作方式，有意识地培养员工创新思维能力，使其逐步养成主动创新的良好思维习惯
搭建平台，营造氛围，激发创新灵感	企业应为员工提供创新施展的平台，可以通过学习、讲座、视频等方式，让员工及时了解社会的先进技术与理念。同时，要积极为员工营造创新的氛围，形成良好的工作氛围，不断激发员工创新的灵感，形成创新成果
建立机制，考核绩效，激励创新热情	企业要想员工长期保持学习创新的精神，应当建立合理的激励制度。通过建立制度，进行常态化考核管理，奖励为主，与员工绩效紧密联系，不断引导、鼓励员工创新，调动员工创新工作积极性，提升创新工作热情，使员工能够主动关心企业，为企业的发展献计献策

3. 十大科技创新战略工具介绍

谁都想以创新求胜，那么用什么工具来实现创新呢？从现阶段中外典型企业的科技创新绩效比较和差距上看，以下十大科技创新战略工具是企业创新应该掌握的。如表 2 - 3 所示。

表 2-3　　　　　　　　　　培养员工创新能力的方法

工具名称	技术分析	作用与应用
破坏性技术	破坏性技术也称"破坏性创新",是通过新的开发路线迅速低成本地实现当前市场主流产品的技术。它要做大细分边缘市场就要利用破坏性技术的潜在优势。以非对称动机打消主导者的优势,颠覆现有的市场结构	比尔·盖茨曾经说:"自从克里斯坦森提出破坏性理论后,出现在我桌上的每一份提案都自称是'破坏性的'。"破坏性技术作为创新的战略工具,超越了一般意义上持续创新或单纯改进的创新,它是对创新过程、模式或战略本身的创新,旨在打败对手的创新。它具有如下特点:一是更简单、更便宜,尤其是它第一次面世并持续一段时间时;二是利润率通常很低,也难以实现更高的利润;三是客户在领先企业中能带来最大利润的通常不会使用和接受;四是在新兴市场上或是在不重要的市场上投入商业化运作;五是中层管理者出于对失败的恐惧而更愿意发展延续性技术,而非破坏性技术;六是破坏性技术本质上应该被看作是一个市场营销挑战,而不是一个技术挑战。可以这样说,一旦这种意愿和行为成为一种潮流,未来的企业技术创新和市场格局将更加复杂多变,而不掌握这样的战略工具,很难走在变革的前面
CTO(首席技术官)制度	CTO是企业内负责技术的最高负责人。CTO首先是企业技术资源的最高管理者,其越来越多的职责是把握总体技术方向,实施策划与实施技术创新战略,对技术选型和具体技术问题进行把关和指导,完成赋予的各项技术创新任务或目标。企业设立CTO,是对原有技术总监、首席科学家、总工程师、研发总监等制度的超越,CTO制度是企业技术创新规范化、建制化的产物	通常只有围绕研发进行生产的企业和高科技企业才设立CTO职位。有时CKO(首席知识官)、CTO和CIO(首席信息官)为同一个人,有的企业CTO同时还兼任其战略总监,有的企业在其涉及的多种技术分支领域内还要设置多个高级技术负责人。企业将CTO、CKO、CIO等职位制度化定格下来,标志着新经济时代企业发展战略和管理内容的一次转型,同时也呼唤着更多的战略型科学家和工程师涌现出来,超越单纯研发者的角色,在新的平台上担当起技术创新领航者的使命

续　表

工具名称	技术分析	作用与应用
"架构化与模块化"设计能力	架构是支撑运行和产品体系存在的总体结构。架构化是按照一定的思路和理念对总体结构进行基本设计，设计的基本原则是：从上到下，分而治之。模块化是通过对某一类产品系统进行研究和分析，把其中含有相同或相似的功能单元分离处理，用标准化方法进行统一、归并、简化，最终将产品系统化分为专用模块与通用模块的过程。模块化更多的是考虑一个功能在不同的情况下的通用性，例如你设计了一个功能，你需要保证它适用于不同的数据类型和不同的情况等	一个优秀的技术创新战略必须在模块与架构两大维度上实现产品创新、流程创新和组织创新的三位一体，这样才能实现创新战略与资源整合的统一。模块化能力包含设计能力、认知能力、整合能力、关系能力四个维度，并且每个维度的模块化能力越强，模块化对产品模块创新和架构创新的影响越显著。事实上，模块化不仅给管理以及生产过程带来改变，也给城市建设、社会生活、政府管理等方面都带来深刻的影响。专注于模块已成为众多企业打造竞争优势实施差异化战略的当然选择。架构化能力包括思考能力、学习能力、策划能力、领导能力、执行能力等。相对于模块化能力发展，当前我国企业需要提升的是架构化能力。好的架构化能力要求人们体现对产品的超越性、规律性认识，能较充分地做到以人为本，以用为先，集约运作，系统思考。这需要企业从事科技创新的群体在产品和服务的宜人性、系统性、普适性、可持续性等方面具备更远大更高级的思维能力，需要在系统之上还会进行系统整合、协同集成的操作能力
技术路线图	技术路线图是管理者为了达到一定的技术目标，在一系列战略选择中用以筛选、识别和评价的规划工具，为以往的技术选择、前瞻和相关的技术管理与决策提供了一个新的图示化手段。各方面专家都认为它是面向未来的前瞻性工具，是技术创新的决策者与执行者之间进行沟通的平台。技术路线图作为一种技术预见方法和战略管理规划工具，被广泛地应用到各个领域，可以为国家、产业以及公司的发展规划提供技术预见和战略谋划，同时也可以有效解决产业转型升级与顶层设计的实际需求紧密联系的矛盾	技术路线图可帮助公司、产业部门、研发机构在未来市场中发挥应有的作用，基于良好信息基础预测未来市场的技术及产品需求，识别对某个产业具有高潜力的科学和技术领域，识别企业发展所需的、可实现的关键技术，识别目前水平和目标之间的技术差别，还可用来支持战略技术的投资决策，避免技术和市场的风险并通过知识共享来强化公司间的合作伙伴关系。技术路线图在企业使用的战略意义是：可帮助各个界面的管理层就研发项目目标和计划执行尽快达成必要的一致，在一个战略框架内调整企业内的投入水平和研发活动，在研发管理上起到督导、传达、启发的作用；可较好地刻画出技术开发与市场需求间的差异，以及新产品进入市场的路径，并在技术开发到市场经营之间架设桥梁，可支持企业技术战略及相关计划启动实施及确定战略实施的相关步骤；面向科技创新推进供应链管理，强化并精细化时间节点管理，确保关键技术研发进行并随时进入临战状态

工具名称	技术分析	作用与应用
产品和技术生命周期管理	这是从理性预期出发，通过严格的分析和规划，按照周期内不同阶段制订不同的解决方案和应对策略，使企业在整个产品特别是技术的生命周期内确定市场的最佳进入点与退出点，以期获得最大收益。当今企业创新发展、持续发展的基本素质是实施产品和技术生命周期管理	全球市场局部间既有空间上的差异，也有技术上的落差。跨国企业正是利用这两点加大了产品和技术生命周期管理。主要做法有两种：一是生命周期的延长通过"产品+产业或技术转移"实现。二是产品技术生命周期是以"产品+平台创新+品牌+资本运作"组合策略来延长。一旦本土产品在技术上差距不断缩小，跨国企业便通过自身强大的科技平台，持续推出创新产品，并通过品牌优势和资本运作能力进一步打压本土竞争对手 需要补充的是，"长尾理论"揭示出一种现象：市场的主流设计、主流产品有一定的周期性，畅销后的产品和技术退市并不是一下子寿终正寝，还会延续很长的时间。在全球范围内，用上述两个策略都可实现。做好"长尾"阶段的持续创新和营销也是有利可图的
IPD（集成产品开发）模式	产品周期优化法即集成产品开发模式，系全球领先的研发咨询机构PRTM公司提出的研发管理模式，后经过IBM公司五年的实践，总结出来的一套先进、成熟的研发管理模式和管理工具。IPD系统地集成了企业的创新资源来支持研发活动开展，它依据企业创新战略，整合了企业科技、市场、资金和组织等各方面资源，从产品的研发规划、研发平台、研发绩效、研发流程等方面，对企业研发体系进行了架构化设计。该模式是科技型公司现阶段比较先进的一种研发模式，集合了各个部门的人组成研发小组，可以使研发的产品更加适应于市场，并且可以让各个支持部门更加了解产品	有效采用和实施IPD将给企业带来如下好处：可以实现市场需求与开发能力的快速对接，促进研发部门面向真正的市场需求进行有效的决策和创新；可以实现并行开发或异步开发，使跨部门、跨系统、跨阶段的研发活动实现协同和整合；可以实现研发和创新的所特有的不确定性、非程序性与生产加工的明确化、程序化要求的有机统一。在美国，众多著名企业为了提升创新能力纷纷实施集成产品开发。在国内，华为公司从1998年开始率先引进并实施IPD，使产品研发效率、创新能力和企业竞争力都大幅度跃升

续　表

工具名称	技术分析	作用与应用
研发外包及技术联盟	在科技和市场研发活动日益网络化，日益全球化、虚拟化的今天，企业采取开放式的创新是明智的选择。企业通过系统的研发外包和技术联盟就是开放式创新，以尽可能利用一切可能的科技创新资源。由此，企业在新时期生存下来必须具备的前提是能够主动进行研发外包和技术联盟，以及能提供可资外包和联盟的资源。新知识、新技术的产生无外乎通过以下几个方式：好奇心驱动、探索性实践，以及交流与合作。在市场经济条件下，交流与合作正成为推动新知识快速发展的重要方式，对于企业而言甚至可以说是主渠道。研发外包和技术联盟是传统"产学研"合作高级阶段的表现形式。研发外包是研究开发活动市场化分工协作的产物；企业为了破解资金约束、共享资源、分担风险、共同面向挑战的必然选择就是技术联盟	开展研发外包和技术联盟等活动，要因企业所在的国家或地区、所在的产业行业，以及自身的科技资源和管理能力等因素而不同，是双方或多方根据自身需要博弈约定的结果。这其中有固定的议题，但没有固定的模式和标准。研发外包和技术联盟的扩张正在使研发活动、研发服务、研发权益日益市场化、产业化，也使如何整合外部研发和创新资源成为了当今企业进行创新管理的重要议题

工具名称	技术分析	作用与应用
创新成熟度模型	任何一个创新产品或服务都有一个从无到有、从粗糙到精致、从不成熟到成熟的过程。企业根据创新战略的要求，参照产业和技术的生命周期规律，创新产品和服务在其典型的开发和决策节点上进行针对性评估的工具就是创新成熟度模型。创新成熟度模型需要每个创新型企业根据自身产业的特性、产品的特性开发出来。这个理念和实践来自软件行业的创新模式，现在正被其他更多行业的企业所借鉴，形成本企业创新产品或成熟度评价方法	创新成熟度模型以及依此开展的实践带给人们很多启示：企业综合实力的体现是企业的（产品）创新能力；成熟的创新素质也会产出成熟的创新产品。企业的创新能力取决于企业组织体系共同的修炼，不是与生俱来。企业创新能力需要一系列过程培养，迈上一个个具有历史新高度的台阶。大家知道，创新过程包括理念的产业化、物化、工程化、商品化、国际化等多个过程。过去的创新是一场接力赛，需要企业从头到尾好好地管理与策划。现在，有实力的企业可通过 IPD、创新实验室或研发创新并行过程，将创新过程压缩，变成一次演出。这其中研发成果的创新成熟度评价是关键的决策依据。成功的企业标志是在市场上的成功，其本质则是企业在创新文化、创新能力、创新组织的成熟。很多事例表明，多次成功的企业，其创新能力的成熟总是先于并将引导企业产品的成熟、文化的成熟，及组织的成熟。通过创新成熟度模型不断地开展自我评价，可确保企业稳步地走向成功。创新创业需要激情，也需要理性和谨慎
CAI（计算机辅助创新）	计算机辅助创新主要以TRIZ（发明创造理论）为基础，是结合了现代设计、数据库、虚拟现实，工业工程、决策分析等多领域科学知识综合而形成的集成技术。目前越来越多的企业已通过多种方式将它与管理工具，如 PDM、ERP、技术路线图、价值工程、专利分析和项目管理等结合并相互融入，逐渐形成了 CAI 的概念和技术体系	CAI 技术的应用正在成为现代企业技术和新产品开发的一个新动向。当今世界新产品开发的趋势是以集成开发和制造为特征，众多前沿技术大量渗入到新产品中，产品日趋小型化、智能化、多功能化，产品更易于制造，生命周期短、成本低。在开发过程用优秀的计算机创新软件指导有成熟的创新理论作支撑，用多学科领域的广博知识做支撑。CAI 技术在产品研发概念或方案设计阶段为企业提供创新理论、多学科知识的支持及方法，使研发人员打破思维定式、迅速发现问题本质，从而构建出新的方案和设想，优化研发进程，减少资源的重复和浪费。这个工具目前还处在较低级阶段，应用起来还有些生涩，但是它就像当年的 CAD（计算机辅助设计）技术一样已显示出足够的潜力和前景

续　表

工具名称	技术分析	作用与应用
创新实验室	创新实验室不同于传统的研发实验室、中试车间、工程中心等科研机构，它是将可设想的创新全过程、创新决策环节、市场因素基本上放在可控环境下推演。上面谈到，创新包括理念的商品化、产业化、物化、工程化、国际化等多个过程。过去的研发实验室以及工程中心大多只是完成了创意的物化和工程化阶段，而创新产品的产业化、商品化和国际化的路很长，风险很大，客观上就需要更广意义上的创新实验室来缩短这个过程，并据此来整合各方资源、识别创新风险因素、进行即时的修订完善	目前不仅大量制造业企业正在改造自己的实验室，使之向创新实验室功能方向演进；还有很多产业如金融业、服务业、软件产业，以及创意、健康等新兴产业，一开始就建立新型的实验室。因为这些行业或产业都需要面向用户来不断完善产品，提高综合服务水平，用户的体验往往决定了创新产品的成功率和接受性，需要与过去的研发和制造完全不同的实验过程、环境和评测方法。创新实验室在这些产业中发展甚为迅速。创新实验室由此也更加开放、内容更复杂、形式更多样，还可能更虚拟化一些。过去实验室内的人主要是工程师和科学家，而创新实验则是在高仿真甚至就是在实际环境下有更多的中间用户和终端用户广泛而深入地参与，像微软一个系统软件要由几万人进行测试，然后还边打补丁边继续创新改进，直至占领市场的绝大部分份额。过去意义上的研发型实验室有物理空间的限制，有的在野外，有的在大楼里；此外还有研究方法、条件、目的、过程等方面的一些限制。创新实验室除了物理空间外，还包括网络空间、市场空间等新的实验范围，有的企业会将一个行业、一个城市当作自己的实验天地，并构建起强大创新实践网络体系。这同过去政府主导的新技术推广示范有异曲同工之处，但其中的创新主体不同了，主导理念、激励机制、推进模式也不同。当今企业的技术创新管理，常常面对研发国际化、知识融合化和创新加速化三大挑战，以及创新机会识别、技术能力获取、技术资源集成、技术方案选择和知识产权保护五大管理主题。问题的多样性直接要求方法的多样性；没有好的战略工具企业将无法应对日益复杂而又充满变数的局面

　　上述十个工具都可以胜任企业创新战略升级的需要，事实上，将这十个或更多的战略工具（包括其他管理工具）进行组合、捆绑运用是许多卓越的

企业已经在做的。值得指出的是，这些工具的应用要有一定的认知前提和客观条件，企业也要对相应的理念和制度进行革新。工具终究是工具，学会了、用熟了才是自己的。学会和善用新的创新战略工具，因地制宜地构架运用体系，并促进管理体制机制改善，企业就一定能让自主的研发及创新体系更快、更好、更有效地运行起来。

第三章
"链"起生态圈：提升智能化水平，重塑生态链

　　"工业4.0"首次将生产制造与物流、供需等环节融为一体，使企业面临新的商机和挑战。在新的时期，中国企业该如何抓住机遇，提升智能化水平，补充短板，重塑生态链？本章对建立生态圈、打造内部文化生态链、构建外部全景生态链及企业互联网生态链建设三要素等相关问题进行了探讨和分析，为国内传统企业实现跨越式发展提供良好的思路和启示。

跳出单个企业小圈子，着眼于做大行业：
生态圈是这样"链"成的

　　蒙牛创始人牛根生在电视上接受采访时曾经说："我们经营的不是一个点，也不是一条线，而是一个圈，一个很长、很累、很大也很激动人心的圈，通俗的说法，把它叫作产业链，更形象的说法，应该称它为'企业生态圈'。好似奥林匹克标志，大圈里面有小圈，原料圈、制造圈、市场圈、资本圈、品牌圈，五环闭合首尾循环，形成一个完整的'企业生态圈'。"他的这些话闪烁着智慧的光芒，沉甸甸的。如果单个企业就相当于一只"碗"，那么把中国的某个行业比作一口"锅"。锅里有了，碗里全都有。让锅里的饭增加十倍，远比你在我碗里抢一勺饭、我在你碗里夺一块肉来得重要——跳出单个

企业的小圈子，把着眼点放在做大行业上。

事实上，"生态圈"的课题，已经成为各行各业所要共同面临的课题。那么，生态圈是怎样"链"成的？

1. "互联网＋"背景下的生态圈

眼下第四次工业革命，正在二十世纪中叶以来出现的数字革命的基础上发展，其特点是技术融合，模糊了实体、数字和生物世界的界限。伴随着这种行业边界的模糊和消失，特别是"互联网＋"的不断扩张，一只无形的巨手正在神奇地在企业与企业之间，形成了你中有我、我中有你的连接和交织，颠覆着传统意义上的品牌定位理论，驱动着品牌融合、企业融合、技术融合，还包括人的理念融合。对于这种形态，《现代管理学》中给它起了一个形象而生动的名字——生态圈。

生态圈，原定义是生命能够生存的温度范围，指介于摄氏零下一百度到摄氏一百度，恒星周围环境温度在这个范围的区域称为生命能够存活的生态圈。互联网技术下的社会业界，正在日益鲜明地呈现出这样一种业态——"互联网＋"通过大数据、云计算、物联网、人工智能等方式打通了信息技术和其他生产要素之间的壁垒，拥有互联网智能内核、软件技术、创意开发能力的"软件"公司和拥有厂房、土地、机器、制造技术的"硬件"公司迎来了深度融合。"互联网＋"背景下的品牌和产品是融合"软件＋平台＋技术"的生态圈建设。

"互联网＋"背景下基于生态圈的品牌建设，让品牌有了更强的盈利能力、更强的延展性、更强的应对品牌危机和品牌老化的能力。例如在中国销量较好的小米手机，它将软件、硬件、互联网服务系统融合，向人们的日常生活渗透，通过 MIUI＋平台的方式构建小米的"互联网＋"生态，开发出小米手机、小米盒子、小米手环、小米空气净化器等智能化产品。小米象征的不仅仅是高性价比的手机，还是智能化的生活应用。就连平常的汽车，在互联网条件下也被注入了"灵魂"，它通过互联网、电子控制单元、传感器、大数据和云计算，将实现车与人、车与车、车与移动设备、车与基础设施间的连接，使汽车具有了运算、思考、判断和行动的智慧，是更环保、更安全、和更高效的智能交通生态系统。

生态圈带来了品牌建设的"跑马圈地"效应：向外围行业扩张，同时盈利点和产品多元化，让企业抵御市场风险的能力更强。其中最抢眼的是，当某一产品受市场需求变化影响，盈利能力丧失时，商业生态圈可以产生"东边不亮西边亮"的效果，即使生态圈内的某产品使企业亏损，其他产品也会摊薄损失，使企业总体盈利。显然，传统的品牌不再是品类的代名词。

2. 生态圈 = 经营模式 + 业务链

随着生态圈变大变圆，企业创造出合作共赢的经营模式显得越来越重要，同时，组建科学的业务链也是十分必要的。

产业生态圈必须建立合理的分成体系、建立跨媒体的平台，实现跨媒体共享内容，因此经营模式要注重协调与匹配。可以说，新型产业链的各个环节，如果不能实现有机黏合，就不可能欣欣向荣、充满生机。这个"黏合剂"就是利益，实现共赢可以说是保证产业生态圈长久、高效运转的关键。而要做到这一点，必须按照市场经济的法则，根据各环节对于生态圈的贡献来确定分成比例，分成尽可能量化和简单化，并逐步完善。打造新型产业链，构建和谐生态圈，更要让参与各方在携手做大业务蛋糕的同时，能够分得属于自己的一块。

业务链是构建和谐共赢的产业生态圈不可或缺的重要一环，要根据业务的构成，组建合理确定分工、高效的业务链条。不同的业务需要不同的组合，从而决定了多条不同的价值链以及合作主体的多样化。原则上，产业链上各相关主体都要找准位置，展开纵向合作，着眼于各自的核心优势，做各自擅长的事。比如宽带业务，需要本地网络运营商、接入服务商、内容提供商、应用开发商展开合作，如果涉及电子商务，还需要有金融部门的参与。而移动增值业务则需要移动网络运营商、系统设备制造商、软件开发商、终端设备制造商、内容提供商等有关企业之间紧密的合作。

需要强调的是，人是"链"成生态圈的核心要素，人是实现创新的关键所在——把人放在首位并赋予人力量。生态圈的运行模式是由人的因素决定，正如某企业家提出创业者生态圈构想时所倡导的那样："所有人学习所有人，所有人为了所有人而创造，所有人服务于所有人。"作为对人类本性中最好的部分——同情心、创造力和管理能力的补充，这种新的劳动模式，可以基于一种共同的命运感将人类提升到一种新的道德意识层面和集体意识。

总之，跳出单个企业的小圈子，把着眼点放在做大行业上，要创造合作共赢的经营模式，要组建科学的业务链，在这之中要充分发挥人的能动作用，自我突破、自我超越，甚至借鉴他人并"站在巨人的肩膀上""链"成生态圈。要做好"圈中人"，做成"圈中事"，我们必须加紧学习，懂得蕴含其中的科学规律，掌握和驾驭规律的技巧，实现顺势而为，乘势而上，做赢得规律的强者！

内部文化生态链：员工满意的企业文化
良性生态链构建路径

著名经济学家于光远曾说："国家富强靠经济，经济繁荣靠企业，企业兴旺靠管理，管理的关键在于文化。"企业要发展和生存，就必须处理好与员工的关系：企业对员工约束不够，就影响执行力和战斗力；对员工约束过多，制度僵化，又会影响企业的灵活性，导致活力不足。企业文化良性的生态链就是员工人心稳定，管理成本降低，企业关系和谐。

让员工满意的企业文化就是以其强大的生命力去完成自我调节、自我更新及自我循环，形成一套具有开放性、包容性和层次性的完整的生态系统。

1. 企业文化内部循环过程解析

在企业文化实践的过程中，要经历这样一个内部循环过程：在企业形成一个完整而又有层次的企业文化理念体系之后，这个理念体系又接着对企业的管理形成影响，即对企业内部的管理制度、经营策略、激励机制的制定与形成进行指导，而这种管理的实践活动必将对企业员工的行为形成约束与指导；反过来，员工行为与企业的经营实践又会为企业文化的理念体系在不同经营环境条件下的变革提供依据。

企业文化生态内部循环，形成了企业文化的自我完善与自我调节的过程，如图 3−1 所示。

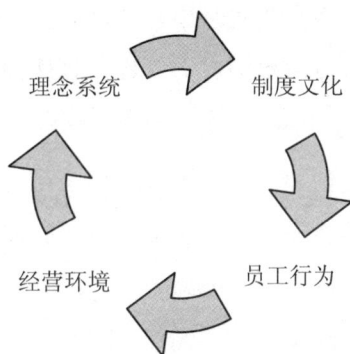

理念系统　制度文化

经营环境　员工行为

图 3−1　企业文化生态内部循环模型

在实践中，企业需要根据现实的文化状况，构建具有自我调适能力的企业文化，不仅要与其他管理要素相辅相成，还要成为一个生态系统。

2. 企业内部文化生态链的建设

每一位员工都能感知自己是企业文化系统中的一部分，都与企业同呼吸共命运，就能够使企业发挥群体优势，从而形成生态链上的良性循环。为此，必须注重人本文化，加强战略统领，做到管理融合。

人本文化要求为员工提供一套完善的激励培训机制，营造良好的学习与提高的氛围，帮助员工实现自我成长与价值追求。重视企业人本文化，可以根据企业的发展实际，制定长期的战略规划和发展愿景，使员工与企业有一个共同的奋斗目标，树立"企荣我荣，企兴我兴"的主人翁意识，增强员工对企业的责任感和归属感，激发他们努力工作，为企业的发展壮大做出贡献。同时要正确地分析面临的任务和形势，引导员工增强危机意识、风险意识、竞争意识、市场意识和团队意识，激发员工奋力拼搏，积极进取。用文化约束自己的言行，用优异成绩维护团队形象，实现公司的良性管理，从而提升管理的科学性，推动企业可持续发展。

在构建员工满意的企业文化过程中战略统领尤为重要。企业文化是企业战略实施、控制以及战略目标实现的巨大内动力，具有支撑和导向作用，因此在构建企业文化时，应将企业战略导向与具体目标结合起来，使企业文化成为调动全体员工实施企业战略的有力支撑。具体来说，在实施战略目标过程中，为加强企业文化的渗透，要做到管理融合，把企业文化与目标计划、工作执行、监督考核和反馈控制等管理环节紧密结合，使之环环相扣、循环提升、高效运行，并实现企业文化与企业战略、管理制度的有机结合，实现管理行为与文化理念的无缝连接，做到柔性导向与刚性约束优势互补，从而推动企业管理水平的不断提升。

总之，企业文化系统必须与社会、地区的政治、经济、文化形成良性互动，更要注重人本文化、管理融合和战略统领，这样才能使企业文化系统"生生不息"。

外部全景生态链：企业开放创新生态链的架构、内涵及构建策略

任何企业都可以从其现有的商业生态中构建自身的开放创新生态链，或找准定位融入其他开放生态链中，以生态链的合力创新发展。

1. 企业开放创新生态链的架构

移动互联网、云计算、物联网和大数据等技术的发展使我们已经进入移动互联、万物互联的社交化时代。新技术和大趋势孕育了商业模式创新和企业价值提升的无限可能，社交化时代的到来向企业提出与外部资源开展全面开放和连接的机会和要求，而这种开放连接需要的载体就是创新生态圈。

2. 企业开放创新生态链的内涵

构建企业开放创新生态链，企业将不仅关注自身的资源、竞争优势、商业模式，更关注在生态系统中的定位以及成员伙伴之间的关系，从而实现成员之间的资源互补、跨界创新、共生发展。其内涵主要围绕创新、开放、共生这几个关键词来解读。如表 3 – 1 所示。

表 3 – 1　　　企业开放创新生态链的内涵：开放、创新、共生

事项	含义	案例
开放	社交化为"开放"提供了天然条件，创新者和用户通过全球宽带网络和无所不在的移动设备拥有了一个可以充分协作的世界。信息成本的下降使交易成本大幅减少，研究工作可以更多地由最积极或最适合的人来承担。在开放之下，企业创新生态圈中的组织呈现出异质性、多样性特点	荷兰皇家航空公司与生态圈多样性参与主体的联合创新，实现对"即时性"的有效管理，如与设备供应商联合开发设备，与专业营销公司合作促进在线商务俱乐部，同荷兰合作银行、阿姆斯特丹国际机场、大学共同开发与运作港口创新基金，为开展航空、航线与机场相关技术创新的新兴公司提供支持，同专业公司合作提供全球专车接送服务等
创新	企业不再以一个人或一个集团为核心来完成全部工作，而是互相配合与加速的，就像促进了手机行业发展的不只是苹果，包括小米、三星等在内的公司共同加速了这个行业中的创新。消费者的消费意见也参与进来，很大程度上帮助改进了生产过程、产品与服务流程	小米公司打造小米"生态链"是通过采用互联网模式，鼓励发烧友参与产品的开发改进，实现研发创新；同国内一批优质智能硬件公司合作，制造业务全外包，实现生产创新；采用网络营销方式开展营销创新，通过微博等社交媒体进行营销传播，打造品牌知名度，通过小米社区和论坛整合"米粉"，培养忠实用户

事项	含义	案例
共生	社交化时代，生态圈中企业及其他利益攸关主体的共生、成长、竞争、自组织、自适应也实现着共同进化，企业与外界环境呈现共生状态。群体加速了创新进程，推动了生态圈进化扩展，提升了生态圈整体的竞争实力	在阿里巴巴的生态圈中，在战略合作方面，联合顺丰集团、三通一达及相关金融机构共同构建中国智能物流骨干网。阿里巴巴联合建设银行、工商银行向企业推出贷款产品，在对接联系关系层面，全球消费者、批发商等构成生态圈的主要成员。在业务合作层面，阿里巴巴平台上的中小企业主，淘宝上的中小店铺、品牌卖家等都是其业务合作的主要伙伴。消费群体、企业群体与阿里巴巴电子商务平台的相互拉动形成均衡式良性互动与进化发展

3. 企业开放创新生态链的构建策略

在上面的企业开放创新生态链架构示意表中，我们看到企业开放创新生态链的构建策略——创新理念、扁平化组织、创新联盟、创新大会、社交化平台。下面我们从实证的角度进行案例解析。如表3-2所示。

表3-2 企业开放创新生态链的构建策略

策略	含义	案例
创新理念引领	一个想法可以创造一个伟大公司，源源不断的创新理念推动不同企业自发联系，形成伙伴关系，共同创新，逐步进化成不同层次、更多维度、更多组织的共生关系，从而形成创新生态圈，并不断发展、延伸	阿里巴巴的出现源自马云决定使用互联网与工厂合作改变生产进程；美国最大天然食品和有机食品零售商全食公司的诞生源于其创业者麦基为主流消费者提供天然食品的雄心

续　表

策略	含义	案例
组织扁平化激发创新活力	扁平化结构的特征在于管理层次少而管理幅度大；优势在于信息管理成本低，纵向流动快，避免创新随着组织层级的上升而漠视或被忽略，激发创新活力。组织扁平化对领导者也提出较高的要求：在扁平化组织中，管理者既要具备出众的规划能力、业务能力，又要扮演好教练和倾听者的角色	谷歌在 2010 年的一份名为《管理为何重要，最出色的管理者如何做》内部报告中举出了 8 项关键管理行为：一是一名好教练；二是放弃微管理、授权给团队；三是关注并关心团队成员的成功及个人福祉；四是工作富有成效且结果导向；五是善于倾听、分享，是一名优秀的沟通者；六是帮助员工进行职业规划；七是对团队愿景及战略有清晰规划；八是具备关键技术技能，能够给予建议
创新联盟推进联合创新	创新联盟是企业构建创新生态圈的有效策略，联盟的组成方式多样，既有中小企业抱团取暖，也有龙头企业强强联合；既有产业集群促成结盟，也有国内外企业的资源连接	由劲牌公司牵头成立中国保健酒联盟，通过联合保健酒企业以统一形象、统一行动、统一声音，共同振兴保健酒行业。2015 年 3 月，中国保健酒联盟旗下九家会员企业联合参加在四川泸州举行的中国国际酒业博览会，共同宣传保健酒品牌与价值。联盟企业合力促使保健酒行业专业化发展，为保健酒行业企业搭建一个经验共享平台，促进技术交流与创新发展
社交化平台连接创新资源	企业开放创新生态圈的扩展与进化过程中，需要吸引、有效挖掘、融合及利用内外部创新资源，而社交化平台则成为企业连接创新资源的纽带	2013 年，两位艺术教师巴戈兰·莱文和勃罗·加西亚通过互联网连接全球资源，使在二十世纪消失的"新投影描绘器"重现江湖。投影描绘器是十九世纪初的技术创新，可以让用户的所见同时叠印在白纸上，并作出逼真精确的素描。随着胶片的发明，投影描绘器从历史上消失。新投影描绘器设计、制造、生产资金的来源以及销售，完全以社交化平台连接全球创新资源。其中，棱镜、夹钳以及鹅颈式底座都是从中国采购的，通过阿里巴巴找到合适的制造商，运输和安装都外包给全球多处的低报价者，新投影描绘器的开发和生产筹集资金则来自两人在众筹平台 Kickstarter 上发起的筹资活动，筹集金额超过了四十万美元。在还没有生产出任何部件之前，第一批产品就已预售一空

续 表

策略	含义	案例
企业创新大会激发全面创新	企业创新大会是大规模的头脑风暴会,可以邀请企业多元生态伙伴,畅所欲言,激发各个领域的全面创新	创新大会激发全面创新最为典型和最有成效的莫过于 IBM 的创意脑力激荡大会。IBM 公司自 2001 年起提出的创新激荡活动,每隔三年举办,每次花三天时间邀集员工、家属、高校教师、业务伙伴参与讨论,开展在线头脑风暴,解决共同关心的议题,或是写下任何关于创新的想法,IBM 以这些想法为基础,改进产品和经营方法

　　单一企业的力量和视角已不足以应对外部环境的变化,未来企业将必然以生态圈为基本形态生存和发展而构建企业开放创新生态圈就必须进行互补、相互激发、跨界、创新、多样化的合作与共生进化。所有的企业家都要思考自己和企业的开放创新生态圈,把握时代脉搏,实现高速成长。

基础 + 平台 + 大数据:企业互联网生态链建设三要素

　　企业互联网生态圈包括企业 PC(个人计算机)互联网网站、手机智能网站、移动 App、微信平台、OA(办公自动化)办公系统、终端智能交互机、后台大数据以及在线互联网培训等。这些模块构成了一个完整的、有效的、良性的企业互联网生态圈。与企业传统的互联网结构相比,互联网生态圈能够一站式解决企业所有的互联网问题,可以减少企业大部分的时间成本和沟通成本。通过整体的解决方案,去帮助中国的中小企业去实现转型升级与产业结构的调整。

　　企业建设互联网生态,具体来说,首先要完善互联网生态圈基础,合理利用这些平台,如企业网站和 App 等;其次是加强与客户的联系沟通;最后是通过大数据收集分析获取信息,再来调控这些元素,最终实现作用最大化。下面我们对“基础”“平台”“大数据”这三个因素进行解析。

1. 企业互联网生态链建设之基础建设

企业互联网生态链建设中的基础建设包括许多非常重要的模块，如企业网站、企业 App、企业微信等。下面重点介绍一下企业 App 的应用与开发。

企业 App 的意义很广泛，可以建立自有销售平台、应用二维码、建立强大的用户数据库、构建通信供应链和增强数据互通、建立社会化营销渠道等。互联网生态链中的 App 应用，大致可分为资讯类应用、社交类应用以及电商类应用。

资讯类应用按运营内容划分为新闻类应用、图片类应用和视频类应用。新闻类 App 则更多地会整合纸质媒体、门户网站以及行业媒体的移动 App 报纸，如腾讯新闻、凤凰新闻以及新浪新闻等；图片类应用典型的例子是被 Facebook（脸书）用十亿美元收购的 Instagram（照片墙）；视频类应用则是微视频 App 领域，此模块受限于移动流量和移动网速影响，但后期有着巨大发展空间。

社交类应用可以说是目前发展最为成熟的领域，如美国的 Facebook、Twitter（推特）、WhatsApp（瓦次普）等，中国的微博、微信等，不过就目前而言社交类应用还是集中于大众社交领域，对于一些垂直的、细分和小众的领域仍有巨大的社交应用开发机会。

电商类应用从参与主体以及购物因素等角度可分为商品导购 App、电商平台型 App 以及实体商家 App 三种。电商平台型 App 指的是京东 App、天猫（淘宝）App 和易讯 App 等；商品导购型 App 则指的是美团 App、大众点评 App 以及美丽说 App 等；实体商家 App 则指的是实体商场 App、专卖店 App 以及厂家 App 等。

技术对于移动互联网企业来说永远不是一个问题，但是企业 App 的开发，需要企业根据自身的具体情况和战略规划来进行权衡。对于核心业务并不在移动端的传统公司，可以选择组建一个跨行业的移动互联网事业部，自己招聘团队来开发、推广、运营。但如若这样传统公司会遭遇到很多困难，如不一定能找到合适的技术人才。一般来说，在专门的 App 外包公司里，技术人才会处于核心地位，但他们在这个群体里可能会没有安全感。还有从时间和资金投入的成本来看，企业自行研发并维护有一定品质要求的 App，至少需要数十人的团队，六个月以上的时间和几百万元的费用投入。

2. 平台建设——CRM（客户关系管理）系统

平台建设的最终目的是与客户建立连接，加强客户和商家的关系，这实际上就是要做好客户关系的管理与维护。因为没有连接，就没有转型。实现这个目的企业目前普遍采用的方式是使用 CRM 系统。CRM 系统注重的是与客户的交流，企业的经营是以客户为中心，而不是传统的以产品或市场为中心。CRM 系统通过以下三种方式帮助商家做好客户关系的管理与维护。如表 3 - 3 所示。

表 3 - 3 　　　　　　　　　　　　CRM 系统的三种方式

方式	实施要领
建立客户数据库	客户描述性数据用于描述客户的信息，对于个人客户通常包括客户的基础信息和偏好习惯等数据；客户交易性数据是企业与客户交易过程中产生的一切数据，包括交易前、中、后三个阶段，企业必须经常检查数据的有效性并及时更新。CRM 能够随时记录并跟进这些客户数据，及时掌握客户的偏好和变动情况
个性化的呼叫中心	呼叫中心是企业与客户联系的重要窗口，呼叫中心是用于与客户沟通，提供个性化服务的一种综合信息服务系统。企业为客户提供一个单一且明确的对话窗口，在与客户联系过程中解决客户的各种问题。CRM 系统的呼叫中心能够识别客户，当客户呼入的时候，系统将显示客户的资料和最近的通话，能够让工作人员第一时间识别客户并且提供个性化的服务，从而提高客户满意度
提供服务和售后保障	额外的服务通常会给客户超值体验，往往能取得客户的信赖，使客户更愿意购买产品，最终成为企业的忠诚客户。客户在购买商品时有很多期望，它是建立在客户过去做的交易或类似的体验之上。CRM 系统的应用能够让企业对客户期望值进行分类，然后在每一个细节上使客户感受到公司的体贴细致，并通过此作为客户重复购买的契机

3. 企业互联网生态链建设中的大数据

麦肯锡在 2011 年 5 月发布的《大数据：创新、竞争和生产力的下一个前沿》的报告中指出：大数据将成为企业的核心资产，对大数据的分析将成为竞争的关键，并会引发新一轮生产力的增长与创新，企业在竞争中取胜的最有力武器是对海量数据的有效利用。

企业在建设互联网生态链的过程中，大数据的作用尤其不可小觑。以打造产品生态链为例，连接的中介是产品的本质，以往其所承载的大多是产品的客观存在的具体功能，而现在其承载的却主要是产品所带给用户在主观上的情感与趣味。优秀的产品能直接带来可观的用户，使粉丝群体聚集成社群，基于这样的社群往往还可以实现价值变现，实现利润递延。

通过社群互动生产出数据和内容将带来新的商业价值。数据包括用户使用习惯的数据和用户生活形态的数据，数据本身也会产生商业价值。通过数据分析获得新的产品需求。新产品来自社群本身的需求，通过产品销售，不但能带来利润，而且还能带来新的用户连接。所以，品牌生态链构建的最后一步就是要延伸企业的产品群，针对一群相同的用户，这些用户可以有亚文化标签的差别。通过新产品和用户有更深度的连接，或者是同一群用户有更深度的连接，或者是不同的用户产生了新的连接。新的连接用户产生新的数据和新的内容，不断的一个圈一个圈套下去，实现价值变现，实现利润延伸。

传统企业转型要充分运用"基础""平台""大数据"这三个因素。这就要求企业建设互联网基础元素——App、网站、微信平台等，还要在企业内完善互联网的应用，如企业 OA、大数据、云计算，还要在管理上使用有经验的互联网人才，最后将这些融合在一起。企业利用这些资源为客户提供更好的服务，生产有互联网属性的产品，让企业实现互联网化。

第四章
引发变革："互联网＋"成企业转型升级新引擎

传统企业实施"互联网＋"，将利用互联网商业模式创新、强大的技术创新以及应用创新能力等优势，从市场、资本、资源等层面介入传统行业，刺激传统行业对生产要素、商业模式主动进行调整。为此，本章揭示了"互联网＋"时代为企业带来的机遇，探讨了传统企业在"互联网＋"时代应如何转型升级，给出"互联网＋"时代企业实现互联网化转型的五个步骤，分析点评了"互联网＋"形势下的企业转型的几个案例。

"互联网＋"时代，小企业有作为，大企业更有作为

当前，随着云计算、物联网、大数据、移动互联网等新一代信息技术突飞猛进的发展，中小企业信息化也面临新的发展形势。中国互联网协会常务副理事长高新民强调，中小企业应该把信息化当作企业发展内生要素，在设计、生产、经营、管理、决策等环节，应用新一代信息技术，特别是互联网技术，充分开发和利用企业内部信息资源，实现信息流、资金流、物流的有效集成和综合管理，优化资源配置，形成在互联网环境下可持续发展的新的竞争力。由此可见，2015年"两会"期间《政府工作报告》中提出的制订"互联网＋"行动计划，有力地推动了移动互联网、云计算、物联网、大数据

等与现代制造业的结合，促进了电子商务、工业互联网和互联网金融健康发展。实施"互联网+"行动计划，中小企业有作为，大企业更有作为！

1."互联网+"时代，中小企业有作为

2015年5月，工业和信息化部新闻发言人、总工程师王黎明在国务院新闻办举行的新闻发布会上表示："工信部将大力推进'互联网+中小企业'""面对全国4000万户的中小企业加上一些个体私营经济，只有通过先进的互联网技术，通过信息技术才能给更多的中小企业提供便利，包括咨询、培训、信息化的服务和商务。"随后，在工信部举办的"2015中小企业信息化服务信息发布会"上，工信部相关负责人再次强调了实施"互联网+中小企业"行动计划，推动基于互联网的信息技术应用。可以说，"互联网+中小企业"行动计划已成为我国"互联网+"行动计划的重要组成部分。

"互联网+中小企业"的意思就是"中小企业互联网化"，是指中小企业主动与互联网深度融合，通过运用互联网思维实现经营模式、商业模式的创新和变革，利用互联网、云计算、大数据、物联网等技术，降低成本、提高效率，创新产品和服务、增加客户满意度，实现健康、可持续的发展。

那么，互联网与中小企业到底应该如何"相加"？在"互联网+"时代，中小企业需要在生产制造层面互联网化。工业4.0倡导的生产制造是以大数据、智能制造、3D打印、物联网为特征的制造。通过产品的使用数据来发现缺陷，优化制造工艺和设计。另外，在其他三个层面也要互联网化：一是产品服务互联网化。"互联网+"时代是以用户为中心进行的产品创新，是用户积极参与到创新的全过程的快速迭代式创新，是用户、上下游合作伙伴共同参与的社会化、开放式、协同的创新。二是市场营销互联网化。"互联网+"时代的营销，是以社交、移动、大数据精准营销、O2O（线上到线下）为主导的营销。用互联网技术来发现需求，降低沟通成本；利用O2O来更精准地发现用户需求，最大化地降低营销成本。三是企业管理互联网化。企业经营管理要以数据为驱动，切实把数据资产重视起来，中小企业及个体工商户应规范建账核算，对财务等经营数据进行整理分析，提高抗风险能力，并为企业日后的融资、贷款打下数据基础。

2. "互联网＋"时代，大型企业更有作为

随着"互联网＋"概念的提出，大型企业都在这条道路上进行着不同的探索，只为在"互联网＋"的过程中实现更多的可能，更好的价值创造。在"互联网＋"时代，传统大企业谁在风口上飞？从恒大冰泉的例子中我们可以看出"互联网＋"的颠覆和改变。

在国内平稳的矿泉水市场，恒大集团旗下的恒大冰泉推出"一瓶一码"的"互联网＋"营销模式，扫码中奖活动，特别是现金中奖率高达33％，100瓶平均中奖275元。以500毫升的恒大冰泉为例，每瓶零售价4元，促销买一送一，相当于每瓶实际价格仅2元，每百瓶实际花费200元，白喝之外，平均净赚75元，实现100％"白喝＋赚钱"！

扫码中奖是目前恒大冰泉推出的重要营销举措，这是从战略角度抢占市场制高点，使恒大冰泉迅速打开市场、做大规模，成本虽较高但非常值得，从另一个角度来说，这也是回馈消费者。不管怎么说，由于给力的促销和"一瓶一码"的扫码营销模式，掀起了行业内"互联网＋"的实践潮。

移动互联网时代，"互联网＋"是雷厉风行的洗牌，是更新换代的关键，也是迭代升级的风口所在，很多传统大企业都在思考如何进行商业模式的重构或创新。在风口抢位的时代背景下，很多大企业虽然曾经"传统"，终究会华丽转身。

从恒大冰泉、加多宝等传统大企业的"互联网＋"战略中可以看出，颠覆也好，改变也罢，"互联网＋"时代，挑战与机遇并存，膜拜与争议共舞。特别是当今互联网的入口、流量已经在很大程度上被 BAT（百度、阿里巴巴、腾讯）等互联网巨头所掌控，大企业要想"破茧成蝶"，需要具有更大的智慧

和勇气。要更加积极有效地贴近用户，打造开放式平台，创新商业模式。只有这样，才能在这轮"跑马圈地"中找到立足之地。

传统企业在"互联网+"时代应如何转型升级

传统行业引入"互联网+"并不意味着功能的简单叠加，而是移动互联网与传统业务单元进行深度融合，推动产业创新。比如"互联网+医疗"就是优化传统的诊疗模式，为患者提供一条龙的健康管理服务，患者可以通过终端设备，就可以从移动医疗数据端监测自身健康数据，做好事前防范。在诊疗服务中，依靠移动医疗实现网上挂号、询诊、购买、支付，节约时间和经济成本，提升事中体验。依靠互联网大数据和社交网络在事后与医生保持时刻沟通。"互联网+医疗"把医院挪到指尖上。

那么，传统企业在"互联网+"时代应如何转型升级？

1. 从客户开始，用互联网来改变企业跟客户的关系

这是互联网改变企业的最重要的一点，也是首先切入的一个点。传统企业需要用互联网来重新构建一个真正以客户为中心、跟客户信息对称的、零距离的营销服务体系。用互联网思维对待客户，重视客户体验，改变旧的关系，是通过"互联网+"实现转型升级的第一步，也是第一个切入点。

2. 通过"互联网+"提升企业核心竞争力

对于传统行业而言，通过"互联网+"实现转型升级就必须提升自身和内部的信息化水平和能力，通过信息化建设形成一个有互联网思维和战斗力的信息化队伍。

企业内部信息化和IT（信息科技和产业）能力的建设，其核心目的仍然

是降低成本和提高效率，同时通过数据资产和业务资产的积累来提升整个企业依靠数据说话的持续改进能力。企业内部的运作流程需要通过信息化支撑高效快速地进行协同，敏捷地响应外部市场。在工业 4.0 提出后可以看到对于生产制造类企业更加强调了生产环节的生产柔性和自动化，包括智能制造概念都是解决敏捷性和成本方面的问题。

传统企业建设没有进行很好的顶层设计和信息化规划，导致 IT 对业务支撑能力弱，到处出现流程和业务的断点，数据信息不能高效共享和传递，这些都是传统企业在信息化建设过程中需要改进和提升的点。一个企业如果要大手笔进军"互联网＋"就要把基本的人财物都通过 IT 系统管理好。

企业能够提供高性价比的产品，本身内功也加强了，那么你仍然会具备竞争优势。在当前互联网竞争模式下，互联网本身入口提供商也不会一家独大，只要你自己的产品和服务有优势，那么你就具备了相应的议价能力，否则只有被同类企业所淘汰。

3. 加速供应链和生态链整合

供应链的整合、互联网电商的出现等，加速了企业和企业、企业和消费者之间的信息沟通和需求传递，能够帮助企业更加快捷和实时地获取客户一手需求资料，方便快速迭代和改进自己已有的产品。这种模式往往是传统模式不具备的，如果用一个词形容，即小米提到的"用户参与"。

其实，与任何一个资源或入口的"强绑定"最终都将失去谈判和议价的能力。因此，很多企业即使已经有了自己的电商平台，它们的产品仍然在京东、天猫售卖，但是企业仍然保留了自己的自建电商平台和消费者入口。同时，企业自建电商可以进一步整合供应商、物流和客户资源，并在企业已有产品下不断地发展自己的增值服务产品。这个和小米的模式很类似，即硬件电商化或硬件产品本身也可以互联网化。小米在打造了完整的生态链后，可以看到提供了大量的服务能力和周边产品。

企业加速自身上下游企业的整合，发展自建电商等各种模式，核心还是希望通过企业自身原有的核心竞争力和客户资源，尽快地打通和整合整个供应链，通过完整的生态链环境和绑定模式来减弱互联网企业的进入壁垒。例如农业里面的农产品电商、农产品全流通链追溯和食品安全跟踪就是一个典型的诸多上下游企业通过信息技术、IC卡（集成电路卡）、物联网等各种技术实现的一个供应链整合模式。

4. 通过"互联网+"探索新商业模式

通过"互联网+"探索新商业模式想表达的不是互联网商业模式，而是我们通过对传统行业新的需求和问题分析、研究出的新的商业模式，这个模式需要通过互联网技术来解决。换句话说，企业的重点还是要放在对客户和需求痛点的挖掘上，而不是先入为主的互联网技术引入。

传统企业探索"互联网+"商业模式和单纯的互联网企业是不同的。单纯的互联网企业目标很简单，即获取入口和建设平台，进而一方面掌握议价能力，另一方面整合离散个体资源形成自营替代传统企业。这个在诸多服务类行业相当明显。比如58同城的模式，刚开始是提供中介平台和信息交换渠道，对传统家政、陪练等服务机构都有影响，但是发展到一定阶段就变成了58整合个体资源推出了自己的58家政或58陪练。说明在O2O中已经不再是单纯地提供线上资源和能力的整合，而是由线上逐步渗透到线下，这对传统服务企业和中介往往是最要命的。相比之下，传统企业在这块的思路往往和互联网企业相反，即通过已有的线下资源整合优势，将能够剥离的部分由线下转移到线上，形成自由的线上信息和资源整合平台。

传统企业"互联网+"商业模式往往是解决了客户本质需求的问题驱动，因此只要能够推出好的产品或应用，往往并不需要像互联网企业一样通过前期大量烧钱来吸引用户。这种商业模式是传统企业结合"互联网+"可以考虑的切入点和思路。

5. 改变思维，学会利用互联网资源进行创新

互联网思维带来的不仅是新的商业、服务模式，改造传统产业也将影响人们在互联网时代的思考方式。事实上，无论哪个产业，用互联网思维重新加以审视，都会发现很多的机遇和空间。用互联网新思维看待已有资源，并在这个基础上进行创新，这才是互联网新玩法。所以不改变思维，再好的技术、商业模式也没用！

如果说互联网行业已具备了互联网思维的基因，那么对传统行业来说，更应该主动拥抱互联网思维，重新思考服务模式、生产流程和业态形态。同时，还要避免把互联网仅仅看作一种工具，而要认识到，互联网模式只是媒介和平台，核心在于新技术形态下的"思维"。正如有人总结：互联网思维是"网络为体，创新为用"，而不是"传统为体，网络为用"。

总之，传统企业以"互联网＋"实现转型升级，要用互联网来改变企业跟客户的关系。通过"互联网＋"提升企业核心竞争力，加速生态链和供应链整合，通过"互联网＋"探索新商业模式，也要改变思维，学会利用互联网资源进行创新。未来，大多数传统企业都将从头再来；大多数商业逻辑都将摧毁重建，传统企业只有把握"互联网＋"时代的契机，才能获得发展并更上一层楼。

"互联网＋"时代企业实现互联网化转型的五个步骤

互联网的快速发展，引领了各行各业的发展，互联网企业的发展在不同程度上限制了传统企业的发展，对于传统企业而言，转型为互联网企业成功必走的道路。所以传统企业在转型互联网企业过程中，必须要经历思维方式、产品定位、业务模式、营销手段、产业链的互联网化这五个步骤。

1. 思维方式互联网化

必须明白什么是互联网思维，才能让思维方式实现互联网化。互联网思维是以"用户至上"为中心，抓住用户市场是企业在商业市场中成功的关键；再者要注重用户的体验，一款好的产品用户体验后，能收获大批的用户。这就是苹果手机很少做广告，但是每次一出新品，体验过的用户都会争相购买的原因。创新是有规律、有方法可循的。产品是企业的根本，如果企业的产品在体验方面做得好，用户每天在使用它的时候都感知企业的存在，这意味着企业的产品每天都在生产价值。

以前的企业要么是自我标榜，要么真的是出于企业主的道德自律，也会讲"用户至上""产品为王"。但是在现在这个"消费者为王"的时代，"用户至上"则是企业不得不这么做的，企业必须真心对用户好。淘宝卖家真实的情况就是"见面就是亲，有心就有爱"，因为用户的好评已经变成了淘宝卖家有价值的资产。

2. 产品定位互联网化

互联网产品的定位要根据消费者的需求，通过对用户群体的分析、市场环境的分析、公司产品本体分析来明确产品潜在的竞争优势；同时也要随着消费者需求的变化而变化，互联网产品只有在满足消费者的需求之后，才能获得消费者的青睐。

另外，互联网思维下的服务和产品是一个有机的生命体。消费者对产品的功能需求都能被满足的情况下，其需求是分散的、个性化的，购买行为的背后除了对功能的追求之外，产品变成了他们展示品味的方式。这样，消费者的需求就不像单纯的功能需求那样直接和简单，所以，对消费者需求的把握就是一个测试的过程，要求你的产品能够根据需求反馈成长。小米手机每周迭代 1 次，微信第一年迭代开发了 44 次，就是这个道理。

3. 业务模式互联网化

不同的商业模式下具体的业务执行方法不同，转型互联网业务模式必将产生变化，其本质是把原本线下的交易活动搬到线上来执行。因此传统企业在转型的过程中，首先要从实际情况出发，考虑选择哪一种业务模式适合自己，这就是业务模式的重构。

4. 营销手段互联网化

在产品和市场都非常重要的时代，营销手段互联网化非常有必要。在互联网时代，传统企业以广告为主的营销推广方式，已不再适应互联网企业的发展。传统企业的互联网化需要制定合适的营销战略，走线下结合线上的道路。花对地方比花多少钱重要，线上营销＋线下营销，一个不能少。

5. 产业链互联网化

传统企业的产业链有传统的路子、固定的模式，企业进行转型后，必然不适应企业的发展，甚至成为桎梏，导致整体转型失败。事实上，产业链的重构是要用互联网思维对其进行改造，以适应企业自身的转型，而不是要抛弃原有的产业链。

以上是"互联网＋"时代传统企业转型互联网企业必须要经历的过程，传统企业需要付出很大的代价与心血，一旦转型成功，相应的收获也会很大。

从几个案例看"互联网＋"形势下的企业转型

"互联网＋"如何真正从单纯的概念，转换为企业核心资产和能力，能够促进企业持续化盈利能力才是重点。只有潮水真正退却，才知道究竟谁在裸泳。传统企业如何在"互联网+"形势下实现了成功转型，从下面的案例中可以看到。

1. 娃哈哈的"工业4.0"

作为以生产食品饮料为主的传统企业娃哈哈，其"互联网+"的表现方式竟然是"工业4.0"的内容：娃哈哈的生产车间的大部分生产设备都应用了工业机器人，并且所有机器人都是自主研发。娃哈哈先后研发了码垛机器人、放吸管机器人、铅酸电池装配机器人、炸药包装机器人等。同时，开发了低惯量永磁同步伺服电机、永磁伺服直线电机、高效力矩电机、高效异步电机等。

工业机器人的大量应用，使娃哈哈在将来也能实现"定制模式"。经销商下完订单后，可以随时跟踪订单的动向，而机器人在生产上的应用，会让从营销到生产的过程更为便捷与流畅。娃哈哈通过互联网信息技术改造，将生产计划、物资供应、销售发货，包括对经销商、批发商的管理、设备远程监控、财务结算、科研开发、车间管理，全部嵌入信息化系统管理，极大地提高了工作效率。

娃哈哈将来不只是饮食加工生产企业，还是机器人等高端设备生产企业，会向同行业乃至其他企业输出机器人等生产设备，这一步转型可谓足够大，这种过渡也是比较自然的，毕竟智能设备是生产型企业的刚需，节约成本之类的事都能体现在生产设备上。借助创新研发转型为生产设备商，这是传统企业转型升级的一个方向。娃哈哈从饮食行业率先冲进高科技装备制造业，属于横向上的一体化战略。

2. 蒙牛通过"跨界"成功转型

与娃哈哈相比，蒙牛在融合"互联网+"转型升级之路走的是跨界的战略级路线。它始终保持着与国际接轨，在产品质量及技术方面直接引进国际合作伙伴，整合了全球先进的技术、研发和管理经验，既能保证产品品质，产品的升级，也是企业转型升级的一部分。

在保证产品质量的同时，蒙牛在产品形式以及跨界营销上做了大量尝试。2014 年，蒙牛与百度合作推出二维码可视化追溯牛奶"精选牧场"，将牧场放到了"云端"。蒙牛还有与明星合作的定制性产品，极致单品的互联网思维应用在了其产品上。同年 11 月，蒙牛跨界与滴滴战略合作，尝试了从战略到渠道方面的资源最大化的无缝对接。2015 年 5 月 6 日，蒙牛与自行车品牌捷安特签订了品牌、渠道、资源等多方面的战略合作协议，并应用智能塑形牛奶 M – PLUS 的适配硬件产品智能体质仪让用户获悉身体状况，通过云端推送量身定制的私教计划和蛋白质补给提醒到 App。蒙牛还与 NBA（美国职业篮球协会）、上海迪士尼度假区等签订了战略合作，成为蒙牛在跨界战略方面的重点布局。

不断地跨界合作与尝试，使得蒙牛越来越具备互联网思维。而战略合作会深入品牌、资源、渠道甚至供应等方面。蒙牛的"互联网＋"转型升级之路告诉我们：传统企业在与互联网企业的合作中，双方磨合出的能够保证合作的模式，会有很多不适用互联网模式的操作模式被过滤掉，最后对传统企业而言就是最好的模式。这个模式也将是传统企业转型升级的最终模式。

3. 加多宝的"淘金行动"

加多宝做快消品，其想法和做法是疯狂的，接受其战略思想的商家客户也是疯狂的。但是，这种疯狂如果能做得好，足以成就一个企业转型与升级。2015 年 4 月 30 日，加多宝上线了"金罐加多宝 2015'淘金行动'"，滴滴打车、京东商城等成为首批合作伙伴。十天之后的 B 轮微信发布会，微信电影票、百度外卖、民生银行等都成为加盟加多宝"金彩生活圈"的第二批战略合作品牌。加多宝正式对外公布了"全球招商"计划，宣布开放加多宝数十亿金罐的用户流量资源，面向所有品牌寻求合作。

加多宝在"淘金行动"的背后，有什么策略呢？在加多宝看来，随着主力消费人群特征、兴趣的转移，积极拥抱互联网是传统企业发展的必由之路。于是，加多宝推出数以亿计的产品罐体为传播载体的"淘金行动"，不仅为互联网公司和品牌提供流量分发支持，同时也为消费者谋取了福利，此举可谓一箭双雕，这就是启动"移动互联网＋"战略。

加多宝的"淘金行动"是传统企业的一个逆袭，谁也没有想到传统企业的传统产品也可以做出一个平台。而这个平台让传统企业知道了传统产品同样也可以连接用户与互联网。这个案例也为传统企业的转型提供了更为可行的模式，通过二维码就可以将看似毫不相干的产品串联起来，同时形成一个巨大的网络与流量，恰恰是这个网络就能构成平台与生态。创造一个以产品为核心的生态，当是广大传统企业在转型道路上的首选。

以上所选三个案例虽然都属于快消品行业，但这几个案例有一个共同点，那就是在"互联网＋"行动计划出台之前，一直在不遗余力地探索互联网化的方式，无论是改变生产方式，又或者是自搭平台，还是通过战略扩展生态圈，在传统行业转型的道路上它们已经率先迈开了步子。

第五章

大数据管理：企业转型升级与竞争力重塑之路

在 DT（数据处理技术）时代，企业将是完全以数据分析驱动的企业，利用大数据分析，能够转化成洞察能力，充分释放企业潜能，实现转型与进化。为此，本章探讨了四个议题：大数据的收集、分析、挖掘和应用；传统企业如何通过"大数据＋O2O"转型升级；企业如何运用大数据力量实施精准营销；大数据时代企业需建立三种文化。

技术指导：大数据的收集、分析、挖掘和应用

先来看一个案例。

美国一名男子闯入他家附近的一家美国零售连锁超市 Target（塔吉特，美国第三大零售商）店铺进行抗议："你们竟然给我十七岁的女儿发婴儿尿片和童车的优惠券。"店铺经理立刻向其承认错误，但是其实该经理并不知道这一行为是总公司运行数据挖掘的结果。原来，Target 能够通过分析女性客户购买记录，"猜出"哪些是孕妇。他们从自己的数据仓库中挖掘出二十五项与怀孕高度相关的商品，制作"怀孕预测"指数。比如他们发现女性会在怀孕四个月左右，大量购买无香味乳液。以此为依

据推算出预产期后，就抢先一步将孕妇装、婴儿床等折扣券寄给客户来吸引客户购买。一个月后，这位父亲来道歉，因为这时他才知道他的女儿的确怀孕了。Target 比这位父亲知道他女儿怀孕的时间足足早了一个月。

这是一个非常有趣的例子，如果 Target 不是在拥有海量的用户交易数据基础上实施数据挖掘，就不可能做到如此精准的营销。

未来企业的竞争就是对数据的分析处理及应用能力的竞争，企业未来构建核心竞争力的根本和基础是对数据资源价值的推动和促进。那么，如何让大数据发挥出应有的作用？最重要的是在技术上对大数据进行收集、挖掘、分析和应用。应该说，大数据的处理技术至少应该满足收集、分析、挖掘和应用，才能算得上是一个比较完整的大数据处理。

1. 大数据的收集

数据的收集是指利用多个数据库来接收发自客户端（Web、App 或者传感器形式等）的数据，并且用户可以通过这些数据库来进行简单的查询和处理工作。比如，电商会使用传统的关系型数据库 MySQL 和 Oracle 等来存储每一笔事务数据，除此之外，Redis 和 MongoDB 这样的 NoSQL 数据库也常用于数据的收集。

在大数据的收集过程中，其主要特点和挑战是并发数高，因为同时有可能会有成千上万的用户来进行访问和操作。例如淘宝和火车票售票网站，它们并发的访问量在峰值时达到上百万，所以需要在收集端部署大量数据库才能支撑。并且如何在这些数据库之间进行负载均衡和分片是需要深入思考和设计的。

2. 大数据的分析

虽然收集端本身会有很多数据库，但是如果要对这些海量数据进行有效分析，还是应该先将这些来自前端的数据导入到一个集中的大型分布式数据库，或者分布式存储集群，并且可以在导入基础上做一些预处理工作和简单的清洗。也有一些用户会在导入时使用工具对数据进行流式计算，以满足部分业务的实时计算需求。导入与预处理过程的特点和挑战主要是导入的数据量大，每秒钟的导入量经常会达到百兆甚至千兆级别。

在分析过程中，其主要工作是分布式计算集群或利用分布式数据库来对存储于其内的海量数据进行普通的分析和分类汇总等，以满足大多数常见的分析需求。在这方面，一些实时性需求会用到 EMC（易安信，一家美国信息存储资讯科技公司）的 GreenPlum、Oracle 的 Exadata，以及基于 MySQL（一个关系型数据库管理系统，由瑞典 MySQL AB 公司开发）的列式存储 Infobright 等，而一些批处理，或者基于半结构化数据的需求可以使用 Hadoop（一个由 Apache 基金会所开发的分布式系统基础架构）。分析工作的主要特点和挑战是分析涉及的数据量大，其对系统资源，特别是输入/输出端口会有极大的占用。

3. 大数据的挖掘

与前面分析过程不同的是，数据挖掘一般没有什么预先设定好的主题，主要是在现有数据上面进行基于各种算法的计算，从而起到预测的效果和实现一些高级别数据分析的需求。

数据挖掘比较典型的算法有用于聚类的 Kmeans、用于统计学习的 SVM 和用于分类的 Naïve Bayes，主要使用的工具有 Hadoop 的 Mahout 等。该过程的挑战和特点主要是用于挖掘的算法很复杂，并且计算涉及的计算量和数据量都很大，常用数据挖掘算法都以单线程为主。

4. 大数据的应用

收集、分析、挖掘的最终目的是应用。企业越来越重视数据相关的开发和应用，从而获取更多的市场机会。一方面，大数据能够明显提升企业数据的及时性和准确性，还能够降低企业的交易摩擦成本；另一方面，大数据能够帮助企业分析大量数据，进一步挖掘细分市场的机会，最终能够缩短企业产品研发时间，提升企业在商业模式、服务和产品上的创新力，大幅降低企业经营的风险，提升企业的商业决策水平。

大数据能够帮助企业分析大量数据，进一步挖掘市场机会和细分市场，然后对每个群体量体裁衣般地采取独特的行动。这一变革将大大缩减企业产品与最终用户的沟通成本。例如，一家航空公司对从未乘过飞机的人很感兴趣（细分标准是顾客的体验）。而从未乘过飞机的人又可以细分为对乘飞机无所谓的人、害怕飞机的人以及对乘飞机持肯定态度的人（细分标准是态度）。在持肯定态度的人中，又包括高收入有能力乘飞机的人（细分标准是收入能力）。于是这家航空公司就集中力量开拓那些对乘飞机持肯定态度，只是还没有乘过飞机的高收入群体。通过对这些人进行量身定制、精准营销取得了很好的效果。

大数据能够帮助各个行业对用户做出准确的商业决策，从而实现更大的商业价值。在宏观层面，大数据使经济决策部门可以更敏锐地把握经济走向，制定并实施科学的经济政策；而在微观方面，大数据可以提高企业经营决策水平和效率，推动创新，给企业、行业领域带来价值。基于大数据决策的特点是：一是量变到质变，由于数据被广泛挖掘，决策所依据的信息完整性越来越高，有信息的理性决策在迅速扩大，拍脑袋的盲目决策在急剧缩小。二是决策技术含量、知识含量大幅度提高。由于云计算出现，人类没有被海量数据所淹没，能够高效率驾驭海量数据，生产有价值的决策信息。三是大数据决策催生了很多过去难以想象的重大解决方案。例如，某些药物的疗效和副作用，无法通过技术和简单样本验证，需要几十年海量病历数据分析得出结果；做宏观经济计量模型，需要获得所有企业、居民以及政府的决策和行为海量数据，才能得出减税政策最佳方案……

在企业管理的核心因素中，大数据技术与其高度契合。管理最核心的因素之一是信息收集与传递，而大数据的实质和内涵在于大数据内部信息的挖掘、关联，由此发现新知识、创造新价值。两者在这一特征上具有高度契合性，甚至可以标称大数据就是企业管理的又一种工具。因为对于任何企业，信息即财富，从企业战略着眼，利用大数据，充分发挥其辅助决策的潜力，可以更好地服务企业发展战略。数据分析挖掘不仅本身能帮助企业降低成本，例如物流或库存、改善产品和决策流程、寻找到并更好地维护客户，还可以通过挖掘业务流程各环节的中间数据和结果数据，发现流程中的瓶颈因素，找到改善流程效率、降低成本的关键点，从而优化流程，提高服务水平。大数据成果在各相关部门传递分享，还可以提高整个管理链条和产业链条的投入回报率。

大数据让企业能够改善现有产品和服务，创造新产品和服务，以及发明全新的业务模式。回顾 IT 历史，似乎每一轮 IT 概念和技术的变革，都伴随着新商业模式的产生。如个人电脑时代微软凭借操作系统获取了巨大财富，互联网时代谷歌抓住了互联网广告的机遇，移动互联网时代苹果则通过终端产品的销售和应用商店获取了高额利润。以金融业务模式为例，阿里金融基于海量的客户信用数据和行为数据，建立了网络数据模型和一套信用体系，打破了传统的金融模式，使贷款仅依赖于数据，不再需要抵押品和担保，使企业能够迅速获得所需要的资金。阿里金融的大数据应用和业务创新，变革了传统的商业模式，对传统银行业带来了挑战。

对个体而言，大数据可以为个人提供个性化的医疗服务。我们的身体功能会通过手机、移动网络进行监控，一旦身体有什么不适，都可以通过手机得到警示，接着信息会和手机库进行对接或咨询相关专家，从而获得正确的用药和其他治疗。

在"智慧城市"建设方面也要依托于大数据，在智能安防、智慧交通、智能电网、智慧医疗、智慧环保等领域的应用，大数据成为了"智慧"的源泉。伴随着智慧城市建设的火热进行，政府大数据应用已进入实质性的建设阶段，有效带动了当地大数据产业的发展，拉动了大数据的市场需求，大数据在各个领域的应用价值已得到初显。

通过以上这些行业典型的大数据应用案例和场景，不难看出大数据应用的核心价值。大数据是看待现实的新角度，不仅改变了生产制造、市场营销，同时也改变了商业模式。数据本身就是价值来源，这也就意味着新的商业机会。

传统企业如何通过"大数据 + O2O"转型升级

先来看一个案例：截至 2016 年 12 月 12 日 17 时，全国累计共有 1.1 亿消费者参与了"双十二"。2016 年接入支付宝并参与"双十二"的商家突破百万万家，全国近 200 个景区首次参与，较 2014 年增长高达五十倍。"双十二"所覆盖的线下消费场景更加广泛丰富，从餐饮到娱乐，从出行工具到商超，基本实现了全场景覆盖。

2016 年的"双十二"被称为"线下购物狂欢节"毫不为过。这其实是对"O2O"回归商业本质的彰显，也反映出了线下商业借助互联网和大数据进行转型升级。而对于传统企业通过"大数据"与"O2O"强强结合实现转型升级来说，这同样是个值得探讨的话题——如果在传统行业实施"大数据 + O2O"，那又该是个怎样的场景？

1. "大数据 + O2O"下的营销管理

企业存在和发展的基础是营销，在传统企业，我们不难知道营销的结果如何，还可以通过多维度和精细化的 BI 分析工具，得知不同产品不同区域甚至单个客户的销售结果，纵向挖掘和溯因分析都不成问题。但我们对产生这个结果的过程一无所知，因为大家不知道客户在买自己的产品之前是如何做决策的。所以我们不断尝试用促销方式和各种广告策略来引导客户，不过从很多的营销活动失败的事实来看，显然人们的尝试有很多错误，否则就不会有"不知道哪一半广告费是浪费的"之说了。

与传统企业不同，互联网企业可以根据"浏览记录""搜索记录""评价记录"等进行"用户行为分析"，从而可以侧面了解客户的购买决策过程以及顾客的关注点，实现精准营销。由于一个用户的购买可能会受数千个行为维度的影响，随便一个中型电商，每天所产生的用户行为数据都是多类型的海量数据，大数据就在这里展现了它的存在和价值。那么传统企业又如何进行便利的"客户行为分析"呢？

用户行为分析应该包含以下重点数据分析，如表5－1所示。

表5－1　　　　　　　　　　　　用户行为分析的重点数据

序号	内容
1	用户的来路域名、来源地区、页面
2	用户在网站的停留时间、跳出率、回访者、回访次数、新访问者、回访相隔天数
3	分析注册用户和非注册用户两者之间的浏览习惯
4	用户所使用的搜索引擎、关键词、关联关键词和站内关键字
5	用户选择什么样的入口形式（广告或者网站入口连接）更为有效
6	用户访问网站流程，用来分析页面结构设计是否合理
7	用户在页面上的网页热点图分布数据和网页覆盖图数据
8	用户在不同时段的访问量情况等
9	用户对于网站的字体颜色的喜好程度

从表5－1中可以看出，通过对客户行为重点数据的采集和处理，可以进行多维度的客户消费特征分析、销售策略指导分析和产品策略分析，从而准确把握客户需求，增加客户互动，推动营销策略的策划和执行。

2. "大数据＋O2O"，让每个人都在信息的海洋里裸泳

有了O2O，传统行业就有了与互联网绑定的机会，就有了获取营销海量

数据的基础，传统行业营销领域的大数据管理才有可能实现。传统行业的大数据是星火燎原。有了O2O的条件之后，只要触网，客户在线上交易，这些关于"人"的信息的自动化采集就有了可能，再辅以大数据的分析技术，那些美好的愿望将不再是憧憬。我们可以从用户的网络日志、相片等信息分析出其家庭结构和年龄性别，可以从用户QQ、Facebook上的信息分析出其朋友圈和职业结构，可以从用户的社区网站得知其兴趣、爱好等。我们不用幻想用户在网站上注册时留的都是真实的信息。一点点地汇集、分析信息，一张活生生的画像就会渐渐成形。当有了这些信息的时候，我们的营销、客服、产品研发等，就会变得简单多了。例如，时兴的"猜你喜欢"，其准确度往往相当不错，计算机有时会比你还了解你自己；很多网站提供的便捷登录方式，如直接用QQ号登录，用户觉得方便之余，无形中也就向电商敞开了一道大门，当然还有更多好的点子。事实说明，"大数据 + O2O"，让我们每个人都在信息的海洋里裸泳。

最后要说的是，不管是传统企业还是互联网企业，都有一个共同的难点，即数据多了，在某个分析主题之下，如何判断数据之间的关联度，如何选择合适有用的数据，就变得重要了。所以在技术变革的同时，管理上也需要同步进步，这样一硬一软相结合，大数据的价值才能得到最大化发挥。

企业如何运用大数据力量实施精准营销

大数据的出现，宣告了盲目营销的终结，数据驱动的精准广告时代来临。如今，互联网以及社交媒体的发展让人们在网络上留下的数据越来越多，海量数据再通过多维度的信息重组使得企业都在谋求各平台间的内容、用户、广告投放的全面打通，以期通过用户关系链的融合，网络媒体的社会化重构，为广告用户带来更好的精准社会化营销效果。

1. 首先需要明白的几个关键问题

大数据精准营销有以下几个关键问题要先弄明白。如表 5 – 2 所示。

表 5 – 2   大数据营销关键问题

问题	解答
怎么才能准确知道谁、哪里、做什么、怎么做	数据汇聚是大数据营销首先要解决的问题。打通用户在多个渠道上的行为数据，构建对用户行为和用户数据的深入洞察，一方面可以实时监控各渠道的用户行为特征，营销和运营的效果，进行优化；另一方面集中用户的数据，便于后续的深入挖掘工作，实现以用户为中心的数据汇聚，提升用户数据价值，实现用户交互的多渠道数据打通和精准识别，为用户提供更准确的营销和服务
渠道及交叉渠道组合方式如何选择	当营销预算不够的时候需要考虑以下因素：跨渠道营销预算如何进行排列组合？如何在搜索和其他的渠道间进行营销预算的分配？是选择电子商务最优搜索渠道还是选择跨渠道组合营销呢
如何通过个性化营销让企业离用户更近一点	营销方式从海量广告过渡到一对一以用户体验为中心的精准营销，一对一精准营销实际上是对于任何一个互联网用户在那一个渠道，在那一刻以一个独特的价格，推送一个独特的广告创意，效果是怎么样的。围绕用户、触点、业务场景、营销推送内容/活动推荐，并且基于跨渠道触发式的营销能力，在注重用户体验的同时达到最佳的营销效果，并且可对营销进行跟踪，从而不断优化营销策略
如何实现大数据营销即时营销	企业希望通过实时分析来获取竞争优势。精准营销也要求在活动的同时我们就能得到数据，立即优化营销效果

从表 5 – 2 中可以看出，通过对客户特征、产品特征、消费行为特征数据的采集和处理，可以进行多维度的客户消费特征分析、产品策略分析和销售策略指导分析。通过准确把握客户需求、增加客户互动的方式推动营销策略的策划和执行。

2. 基于数据的营销基本过程

基于大数据的精准营销过程，分为采集和处理数据、建模分析数据、解读数据三个大的层面。如表 5 - 3 所示。

表 5 - 3　　　　　　　　基于大数据的精准营销过程

事项	含义
数据层——采集和处理数据	大数据处理的数据类型包括图片、文本、网页、社交网络，还有传统的交易数据。不局限在传统采集数据的过程，一般是有限的、有意识的、结构化的进行数据采集
业务层——建模分析数据	使用数据分析模型，例如基本统计、数据挖掘、机器学习的分类、聚类、预测、关联等算法
应用层——解读数据	数据指导营销最重要的是解读。传统上一般是定义营销问题之后，采集对应的数据，然后根据确定的建模或分析框架，对数据进行分析，验证假设，进行解读。解读的空间是有限的。而大数据提供了一种可能性，既可以根据营销问题，封闭性地去挖掘对应数据进行开放性地探索，也可以验证，得出一些可能与常识或经验判断完全相异的结论出来。可解读的点变得非常丰富

3. 大数据营销应用场景

从企业营销应用层面上看，主要是围绕客户、产品、消费行为三大元素进行营销策略的制定和实施的。如表 5 - 4 所示。

表 5 - 4　　　　　　　　大数据营销应用场景

应用场景	场景描述
客户价值识别（用户特征）	客户价值识别是通过对用户交易历史数据收集实现的。进行 RFM 分析，定位潜在用户群及最有价值用户群。最具价值客户提高忠诚度；潜在用户：主动营销促使产生实际购买行为。客户价值低用户群在营销预算少的情况下考虑不实行营销推广。通过因子分析，发掘影响用户重复购买的主要因素，从类似口碑原因、价格因素、评论信息等信息中识别主要因素及影响权重，调整产品或市场定位。查明促使顾客购买的原因指导，调整宣传重点或组合营销方式

应用场景	场景描述
用户行为指标	用户行为指标是通过对用户行为数据收集实现的，通过用户行为渠道来源的自动追踪：系统可自动跟踪并对访客来源进行判别分类，根据三大营销过程对自然搜索、付费搜索、合作渠道、banner 广告、邮件营销等营销渠道进行营销跟踪和效果分析。营销效用方面，知道具体的用户深受哪种媒体营销的影响，他们怎样进入特定网站，跨屏、浏览某个网站时他们会做什么。根据地理位置分别设定目标，比如大多数中上层人士，居中位置比较集中，不再是笼统的客户群
用户个性化关联分析	通过对用户浏览了什么产品、购买了什么产品、如何浏览网站等网站行为数据收集；通过分析客户群产品相似度、需求相似程度，通过个性化推荐引擎向用户推荐哪些产品或服务是哪些用户感兴趣的。他们在多大程度上被促销活动、其他买家对产品的评论所影响

上述三个要素彼此独立又相互联系，每个独立要素都可制定营销策略，同时三要素之间的关联组合更是企业制定有效营销策略的关键。

大数据时代企业需建立三种文化

大数据时代，企业高管们的挑战是改变企业文化，以使数据产生的价值值得付出这种成本和承担风险。

1. 什么是数据文化

数据文化就是企业用数据来进行管理，形成收集数据、分析数据、使用数据的文化。企业的决策是数据和理性驱动的，也是尊重事实、追求精确的。同时，企业要转变思维，要从数据当中发现新的规律、找到新的知识、获得新的启发。在宏观上，企业要把握整体销售的趋势；微观上，企业要掌握用户的行为，满足个性化需求。

用大数据的核心是要将企业的数据、社交媒体的数据和公共数据打通，对外部数据和企业上下游数据进行整合，站在一个新的高度上，从数据当中发现新的知识、启迪和规律，来指导企业的营销。同时要探索和试验新的商业模式，要有国际化的眼光，不要再盯着实物交易，要向服务业拓展。

未来的互联网一切都基于搜索，你要搜索设计、搜索生产。搜索是什么呢？这里我们要重新认识搜索。搜索其实就是基于数据的计算，你要搜索视频，输入一段文字找到视频，文字和视频其实就是数据，这就是大数据时代的计算。

2. 大数据时代企业的三种文化

在大数据时代，企业需建立三种文化：英雄主义文化、强调严谨流程的文化和智慧数据文化。

在英雄主义文化里，员工会响应需求，执行额外任务。比如，7 – 11 便利店 30 年来一直是日本最赚钱的零售商，其店员会为顾客寻找货架上没有的商品。对顾客来说，这种店员是个英雄，但事实可能是，货架上没有的商品能通过在线购买方式获得，员工可以掌握所有的渠道。

强调严谨流程的文化，是指利用通用的流程、呈现给顾客的统一形象等元素来强调数据。始终如一地遵守标准程序，对许多员工可能都是一项挑战。但没有这种连贯性，企业将很难利用 ERP（企业资源计划）或 CRM（客户关系管理）获得好处。

智慧数据文化的含义是，想用例行公事但不乏智慧的方式处理数据需要循证式管理，这种管理建立在严谨流程的文化基础上，相对于中央集权式的管理，决策权被分派给了每个职员。想让智慧数据的文化发挥作用，企业需要考虑以下做法。如表 5 – 5 所示。

表5-5 智慧数据文化落地措施

措施	操作要点
建立单一信息源	人们必须知道自己被期待做什么，如何被考核。这听起来很简单，但可能是难以捉摸的。在美国安泰保险赔钱的业务上，每家相关部门都有显示本部门赚钱的电子数据表。他们都定义了自己的财务真相，但这种定义无法掩盖公司失利的事实
使用计分卡	每日计分卡可以全面地激发员工，但不要用太多测量维度迷惑员工。比如某公司的一位新总裁带领IT部门开发了一个显示每日的计分卡，记录普通的数据，但计分效果是很明显的，并不仅仅是因为各部门主管提交了更好的数据
定义商业规则	某保险公司规定，车主必须等待30天才能获得失窃车辆的赔款。该公司意识到这可能使顾客对公司失去好感，并且支付很多租车费用，公司知道商业规则背后的流程，于是修改了自己的商业规则，在车主报告车辆失窃后24小时内，公司即启动免除保险检查的自动流程
培养人才	企业必须培养人才，训练他们有效率地利用数据工作，定期给他们反馈。做到这一点的关键是像教练那样，坚持不懈地用一对一的互动帮助每个员工做得更好

在运营中贯穿这些文化与实践，企业将能更智慧地运用数据。这并不是把嫦娥送上月球的高深科学，但需要公司建立一种全面的利用数据辅助的文化。

中 篇

组织再造与升级

第六章
组织再造：跑赢新常态的保障

企业组织再造就是要改变企业在工业时代构建的组织模式，充分利用信息技术手段和现代管理理念，建立符合信息时代要求的组织模式。主要包括改变企业内部层级式的组织结构、建立虚拟组织和供应链组织。本章分析改变企业组织结构的原则、方法和具体实施步骤，强调建立供应链组织，适应供应链经济，解析供应链企业的一种典型组织形式虚拟企业，并探讨企业组织再造中的四种组织控制方式。

改变企业组织结构的原则、方法和步骤

在知识经济时代，要想应对知识的挑战，需要充满智慧、有生气的组织。然而，传统的内部层级式组织结构使企业组织成为一种超稳态结构，缺乏进取和变革，已经不适应技术的发展和社会变革。为了适应知识经济的特点及其发展趋势，使企业能够对外部市场的多变化、不确定性做出迅速、灵敏的反应，作为管理基础的企业组织结构必须进行相应的调整。那么，改变企业内部层级式组织结构需要遵循哪些原则，其构造方法和步骤又是什么呢？

1. 设置组织架构的五项原则

组织架构设计必须把握五条原则：战略导向原则、简洁高效原则、负荷适当原则、责任均衡原则、企业价值最大化原则。如表6－1所示。

表6－1 设置组织架构的五项原则

原则	含义
战略导向原则	战略决定组织架构，组织架构支撑企业战略落地。内贸企业不会设立外贸部，零售企业不会设立生产部，代工企业不会成立研发部，。设置任何部门都必须成为企业某一战略的载体。反过来说明，如果企业某一战略没有承载部门，就会导致架构残缺。华东某企业在全国设立了十个分公司，经营规模也超过十亿元，但由于企业没有成立核算部门，欠银行贷款1亿多元，老板连哪家亏损哪家赚钱都不清楚
简洁高效原则	部门设置的根本原则：过多则效率低下，过少则残缺不全，那就是让部门组合价值最大化。企业中的部门绝不会越多越好，要以层级简洁、管理高效为原则。确保企业以最少的投入获得最大的市场回报
负荷适当原则	制约企业发展，不能让某个部门承载过多功能，而且还会形成工作瓶颈
责任均衡原则	如果让某部门"一枝独秀""权倾四野"，可能有工作效率无企业效益，权力失衡、制约乏力往往会滋生腐败。责任均衡体现企业的授权艺术

在表6－1中，负荷适当体现的是功能多少，责任均衡体现的是权力大小。如生产型企业，生产部是功能多的部门，相对而言品质部则是权力大的部门，品质部只有十几人甚至少到几个人，也许生产部有几百上千个员工，但品质部员工却拥有产品是否合格的最终裁定权。

2. 改变企业内部层级式组织结构的方法

改变企业内部层级式组织结构的方法有组织消肿、扩大管理幅度和组织扁平化。如表6－2所示。

表6-2	改变企业内部层级式组织结构的方法
方法	实施要领
组织消肿	裁员是消肿的直接结果，可以降低成本，增强活力
扩大管理幅度	减少层次是以扩大管理幅度为前提的。只有有效扩大管理幅度，才能达到减少管理层次的目的。管理幅度的扩大取决于一定的因素，如管理者及其下属的素质和能力；能否有效授权；信息沟通的现代化等
扁平组织	传统的组织结构形如金字塔，它是组织不断分层的产物。几乎所有传统企业的管理组织均呈金字塔形状。这也是管理经典理论所一再表达的原则。然而现代信息技术从管理幅度切入，寻找到突破口，使管理法则重新发挥作用：组织层次开始随着管理幅度的增大不断缩小，随着人们管理下属的能力的大幅度增长，企业组织由金字塔形向扁平形转化

3. 设置组织架构的具体步骤

设计组织架构可以分五步进行：选择类型、战略对接、设计部门、划分功能、确定层级。如表6-3所示。

表6-3	设置组织架构的具体步骤
步骤	操作方法
战略对接	组织架构设计是从无到有的过程，组织架构优化是在企业已有架构基础上的调整升级，战略对接属于构思阶段，没有实物或画像产生。战略对接是让组织架构设计者想清楚：企业战略可以细化为多少目标？各种目标可能从何种途径实现？企业决策者关注的重点是什么？有哪些目标可以分解到他人负责
选择类型	组织架构的类型因企业战略不同而不同，因管理方式不同而有异，因企业不同发展阶段而有别。到目前为止，企业组织架构形成的主要类型有五种：职能式组织、直线式组织、事业部制式组织、矩阵式组织、三维组织或称立体组织。选择何种类型，企业可根据组织架构设置的五原则均衡考虑后做出取舍

步骤	操作方法
设计部门	部门设置的根本原则，那就是让部门组合价值最大化，即确保企业以最少的投入获得最大的市场回报。不论选择何种组织类型，都需要将企业战略承载功能列出，如总经理办公室、人力资源部、财务管理部、技术研发部、生产部、物控部、品质管理部、营销管理部，物流配送部等。初创企业划分到此，组织架构就基本确立了。规模大的企业还需要继续往下细分管理功能
划分功能	企业选择的组织类型不同会有组织功能不同的组合。不同企业的总经理办公室承载的功能可能有天壤之别，有的总经理办公室负责采购功能，有的总经理办公室负责合同管理。例如，有的小型企业生产部包揽了除行政后勤、营销之外的所有功能，从技术研发到工艺指导、从材料采购到计划安排、从成品检验到订单交付一条龙负责到底。而一家大型企业的人力资源部则可能承载人才规划、招聘任用、培训开发、劳资关系、绩效管理、薪酬管理、员工发展、社团管理、企业文化建设等诸多功能。功能划分越具体，后面的岗位设置就越简单
确定层级	对于管理跨度大的企业，需要进一步考虑管理层级，避免管理真空出现。如全国连锁企业，就需要考虑企业区域公司、省级公司、办事处等管理层级的细化，以保证企业组织架构设计的责任均衡原则得到落实

需要强调的是，在企业组织再造的过程中，要正确处理好以下四种关系：一是总公司与子公司的关系。母子公司体制是现在很多企业所采用的一种组织框架，但是母子公司体制要真正做到有效地协调母子公司的关系，使企业真正充满活力，而又不会失控，实际上是很艰难的事，企业管理的最基本框架是在产权、权力和责任方面进行明确的界定才能构建。二是事业部制与分公司的关系。分公司只是一个比车间更具有相对独立性的非法人地位的公司，它不是一个独立法人。实际上一个企业到底是实行事业部制还是母子公司制，并没有固定模式，完全取决于企业的生产力发展状况。三是横向管理与纵向管理的关系。一些企业之所以出现相互推诿、管理混乱的情况，主要是横向管理过宽、过度造成的。企业组织再造必须注意这个问题，即使需要增加横向管理，也要注意方式的科学性和规范性。四是处理好管理与决策的关系。要建立规范的法人治理结构，不能搞一言堂。

建立供应链组织，适应供应链经济

供应链经济是与信息社会相适应的一种经济。它强调企业积极与其他企业联合，注重利用企业外部的资源。理想的供应链经济效果，是建立在整体基础下分工的规模经济和范围经济基础上的整合。从本质上说，获得有竞争力的统治地位要靠整个供应链，要靠成功实施供应链管理；而供应链管理需要有效的人力资源、组织结构以及文化作保障。下面着重从供应链管理的组织结构这个支撑角度来探讨建立供应链组织，适应供应链经济的组织变革体系。

1. 实现组织特征转型

供应链管理需要组织保障，面对全球化和信息化的冲击，传统的组织结构不能适应供应链管理的要求。最新的组织发展，如虚拟组织、网络组织及学习型组织，为我们构建供应链管理的组织模式打下了良好的基础。面对供应链管理的要求，必须彻底进行组织转型。从整体上看，组织转型特征表现在以下四个方面。如表6-4所示。

表6-4　　　　　　　　供应链管理下的组织转型特征

特征	含义
精益化	精益化已成为当今领先企业组织结构调整中的一个主流趋势。对于企业组织结构来说，就是要将阻碍企业运营、影响企业战略目标实现的一切职能部门、财力、人员、物资等全部精简掉，集中于能为企业带来增值的组织结构的优化调整。精益化的组织结构，可以节约大量财力、人力、物力，全面提高企业生产经营的效率和效益。精益化的核心在于精干，它是针对大规模生产型组织模式而提出的。针对大量生产方式的组织结构"肥胖症"，就必须遵循精益化的原则，也就是在资源配置上用精益的观点来分析企业的运营过程，将资源配置到有效的生产经营环节之中。供应链管理思想反映到组织结构中，就是要求彻底清除无效活动和浪费，是组织精干高效，最大限度地为企业谋取效益

特征	含义
智能化	企业组织要具有极强的学习能力，能根据环境形势的要求不断扩大和更新原有内存，提高企业自身和整个供应链的生存竞争能力。只有具备极强学习能力的组织，才能有机协调企业内外部资源要求，尤其是创意、技术、知识等智能因素，适应其运作需要
敏捷化	供应链管理强调速度取胜，追求速度经济效应的获取，基础就在于组织的敏捷性特点。组织的敏捷性主要表现为企业具有敏锐的市场需求信息的捕捉力，并迅速调动企业内外一切可以利用的资源，以最快的速度满足市场需求的变化。具体体现在以下两个方面：一方面，组织结构更加灵活。随着信息化程度的提高，是企业经营生产程序按照零部件的流程，将研发、开发、工程设计、生产制造及其他支持过程进行交叉运作，从而使产品开发从一开始就考虑到产品生命周期中的所有因素，包括质量、速度、成本和用户需求，极大提高企业经营效率，同时组织结构也呈现出极强的灵活性。另一方面，组织调配资源的速度更加快捷。当企业觉察到市场出现的某种需求时，能迅速从本公司和相关企业选出各种优势力量，围绕市场需求组成流程团队，共同合作，以最快的速度推出适销对路的服务或产品，而一旦流程目标完成，这种团队便可以自行解体，各种资源随之转移到其他的项目组织中去。在充满诸多未知因素的市场环境中，只有不断提高组织应变力，增强敏捷性，才能使企业赢得市场，获得利润
柔性化	组织的柔性与敏捷性相辅相成。柔性的企业组织，要求企业的组织结构对环境变化能及时地做出能动的反应，可以灵活、方便地进行组织本身的转换，以适应新的外界要求。组织柔性包括诸多方面内容，如生产柔性、机器柔性、结构柔性、工艺柔性、人员柔性等。企业组织对于环境变化，包括内外环境变化，既包括相对于自身所处外部环境变化的应变能力，也包括相对于自身系统内部各种因素变化的适应能力。而且，企业组织的转换调整，所花的时间较短，工作量较小，所需支付的成本费用较低，符合经济上成本合理化的要求

2. 建立面向流程的组织

以流程为中心的供应链管理的组织包括合作伙伴、合作协议、合资、战略联盟、外购合同或者是渠道流程团队等多种形式，具体采取哪一种方式取决于企业的竞争战略。建立以流程为中心的组织需要具有两个前提：一是具有完成多种任务的能力。这意味着每个人员具有同时执行多个流程的能力，随时可以从参加一个流程到参加另一个流程。二是组织应该是由跨企业职能的多个团队组成的"虚拟组织"，并且具有将公司外供应链成员的人力资源包括在内的能力，目的是通过虚拟的集成供应渠道网络中的能力，快速完全地将赢得顾客的机会转化成满足市场的解决方案。

以流程为中心的做法会产生一系列连锁反应，不仅会影响到每个一线执行人员，也会影响到首席执行官，因此所有以流程为中心的组织都要存在"优秀中心"。这个"优秀中心"能够保证实现以下三项功能：第一，具备建立虚拟流程团队的能力，掌握并能使用最新信息，具备合作精神，能与别人一起工作；第二，尽管组织仍分为传统的营销、制造、销售、财务、人力资源等部门，但这些部门不再是封闭型，而是流程团队需要时可以调用的资源库；第三，信息和通信技术工具通过存贮企业内部或整个供应链的知识，增强流程团队的实际工作能力。

虚拟企业——供应链企业组织形式

虚拟企业是伴随信息网络技术发展而产生的一种全新的企业经营方式，是供应链企业的一种典型组织形式，也称战略联盟和业务外包。虚拟企业是依靠信息技术手段，将供应商、顾客甚至竞争对手等独立企业连接在一起而成的企业供应链，目的是互享对方的技术、优势，分担成本以及市场渗透。

耐克公司虽然是世界最大的旅游鞋公司，但却没有自己的工厂，而是将主要的财力、人力和物力投入到产品的设计和销售上，将产品生产外包给其他企业生产。它先后与马来西亚、英国和中国等公司进行合作，都取得了巨大成功，从 1985 年到 1992 年，利润增长了 24 倍。著名的戴尔计算机公司也是成功进行虚拟化运作的企业。

1. 虚拟企业的特点

虚拟企业不是法律意义上的完整的经济实体，不具备独立的法人资格。虚拟企业的组成是一些具有不同资源及优势的企业为了共同的利益或目标走到一起联盟，组成虚拟企业，这些企业可能是顾客，可能是供应商，也可能是同业中的竞争对手。这种新型的企业组织模式打破了传统的企业组织界限，使企业界限变得模糊。虚拟企业有如下三大特点。如表6－5所示。

表6－5　　　　　　　　　　　　虚拟企业的特点

特点	含义
信息网络化运作	虚拟企业通过网络采用通用数据进行信息交换可以将世界范围内的企业联结起来。使所有参与联盟的企业都能共享设计、生产以及营销的有关信息，从而能够真正协调步调，保证合作各方能够较好地合作
优越性	参与者带来了他的核心竞争能力，能够组成一种卓越的组织
彼此信任	这种合作关系需要更多的信任，密切合作可以使参与者更加信赖对方。此外，彼此信任也有助于发挥技术上的优势。由于虚拟企业是集合了各参与方的优势，尤其是技术上的优势，因此在产品或服务的技术开发上更容易形成强大的竞争优势，使其开发的产品或服务在市场上处于领先水平，这一点是任何单个实体企业都不能比拟的
组织无边界	新型的公司模式重新定义了传统企业的边界。人们将难以辨别一个企业从哪里开始，在哪里结束
临时性	参与关系可因某种市场机会迅速结盟，也会因某些原因变换组织成员

由于上述特点，企业虚拟这种运作模式在当今快速多变的市场与技术环境中是获取竞争优势及提高竞争力的一种很有前途的合作方式，它正在被越来越多的企业所认识和采纳。

2. 虚拟企业组织的建立过程

虚拟企业组织的建立过程大致可以分为四个阶段：目标确定、VE（一款内存修改器）建模与伙伴选择、组织设计与利益/风险分配、实施。如图6-1所示。

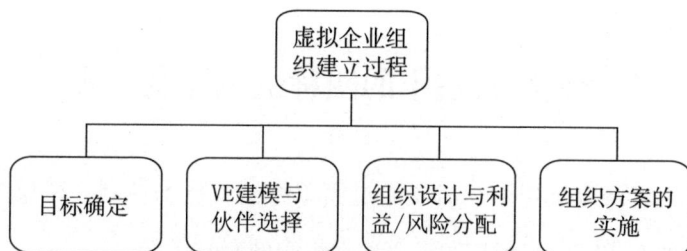

图6-1（此处为流程图，文字内容如下：）

虚拟企业组织建立过程

目标确定　VE建模与伙伴选择　组织设计与利益/风险分配　组织方案的实施

图6-1　建立虚拟企业组织的一般过程

目标确定包括两个步骤：第一，机遇寻求与评估分析，是对机遇的风险性和获利性进行评估以便决定是不是响应机遇及确定该机遇所需的核心资源。第二，差距分析，即寻找企业现有核心资源和能力之间的差距，决定响应机遇的方式，并最终确定企业的战略方向和目标。

VE建模与伙伴选择包括虚拟企业模型设计、虚拟企业过程设计、伙伴企业的选择与评估、伙伴企业过程重组等。VE过程设计主要是面向机遇产品的理想设计，有待进一步优化。VE模型设计主要是在设计完VE过程后进行。经过优化VE过程与机遇所需的核心资源将作为选择合作伙伴的主要标准。所有具备机遇所需的核心资源的企业都应视为潜在的合作伙伴。同时根据合作伙伴所提供的过程，对VE模型进行企业过程重组，并进行仿真优化与评估，以此确定一个最优的合作伙伴和VE构成方案。其中，敏捷性度量是检验过程、伙伴和模型优劣的核心指标。

组织设计与利益/风险分配包括项目定义、虚拟企业组织设计、利益/风险分配格局的确定。在VE模型的指导下根据VE产品过程可定义VE项目，并确定合作伙伴的团队参与形式，建立VE组织结构。根据VE过程和VE模型，基于活动分析的方法确定伙伴企业对VE的贡献大小来建立联盟伙伴间利益与风险分配方案。

虚拟企业组织方案的实施，是在完成上述工作后，按照 VE 过程、VE 模型和 VE 组织的设计方案进行 VE 的实际组建工作。

企业组织再造中的四种组织控制方式

在企业组织再造过程中，需要通过简单控制、技术控制、科层控制和文化控制这四种方式实施组织控制，以确保组织的有效运作。

1. 组织控制方式之简单控制

简单控制主要是对生产过程的控制，包括计划的制订、任务的分配和具体生产的实施，对技术要求低，对员工的培训少，其核心是要形成一种自然秩序。

任何一个群体或组织总要围绕核心做一件事，这就决定了在各个环节上应该什么时候做什么和做到什么程度，这些事情都用不着管理者说明。较为贴近的例子是交响乐团。号手也好，小提琴手也好，每个人都知道到哪个环节应该做什么，不用指挥告诉他。也就是说，当组织中的每个岗位、每个环节、每个人都知道什么时候该做什么时，企业的自然秩序也就形成了。

2. 组织控制方式之技术控制

企业的技术开发、产品开发、技术改造、技术合作以及技术转让等进行计划、组织、指挥、协调和控制等一系列管理活动的总称是技术控制。它是对整个企业管理系统的一个子系统，强调科学管理。企业技术控制的目的，是按照科学技术工作的规律性，建立科学的工作程序，有计划地、合理地利用企业技术力量和资源，把最新的科技成果尽快地转化为现实的生产力，以推动企业技术进步和经济效益的实现。

实现有效的技术控制，需要建立相应的管理系统。企业要根据技术管理的基本理论建立企业技术管理系统，以促进企业技术进步为目的，对企业的技术开发、技术改造、产品开发、技术合作和技术转让等工作进行分析和评价，提出改善方案并指导实施。技术管理系统的建立，能够对技术管理的成效进行评价，帮助企业分析技术管理不善的原因，制定改进措施，提高企业技术管理水平，增强企业的竞争能力，促进企业进步。

3. 组织控制方式之科层控制

科层控制指通过奖励和惩罚工人而实现的一种控制机制，会嵌入到整个企业的科层制的社会结构之中。技术控制的实现是实现科层控制的前提和基础，是一种权力依职能和职位进行分工和分层、以规则为管理主体的组织体系和管理方式。

科层控制主要包含以下几方面特征。如表 6-6 所示。

表 6-6　　　　　　　　　　科层控制的特征

特　征	含　义
层级结构	其组织体系的结构呈金字塔形，分为高、中和基层。高层是负责人，其职能是决策；中层是行政官员，主要职能是贯彻决策；基层是一般工作人员，主要职能是实施决策
劳动分工	对个体来说，要学会胜任一个组织中各种各样的工作是非常困难的，所以当工作上有分工，而且按个体受过的训练及技能、经验来指派他们各自的任务时，才会有高效的结果
建章立制	建章立制强调以规章制度来控制。官方的决定和行动以成文的规章制度为依据，以此保证一致性、可预料性和稳定性
淡化关系	如果在一个组织中去除纯粹个人的、情绪的和非理性的因素，便可建立对人员和各种活动比较有效的控制。组织的成员要在他们主管部门的指导和控制下，服从系统化的严格纪律
职业定向	雇员的录用以专长为基础，升迁以功绩和资历为依据，工资与科层组织中的各级职位挂钩，个体有辞职的自由，也有权享受养老金

科层控制的应用条件应当具有以下特征：一是明确分工，每个职位的权利和义务都有明确的规定；二是自上而下的等级系统；三是人员的任用完全根据职务的要求，通过正式考试和培训来实行；四是管理人员有固定的薪金和明文规定的升迁制度，是一种职业管理人员；五是管理人员必须严格遵守组织中规定的规则、纪律和办事程序；六是组织中人员之间的关系完全以理性准则为指导，不受个人情感的影响。由这些特征可见，这种高度结构的、正式的、非人格化的理想行政组织体系是人们进行强制控制的合理手段，是达到目标、提高效率的有效形式。这种组织形式在稳定性、精确性、纪律性和可靠性方面都优于其他组织形式，能适用于所有的各种管理工作及当时日益增多的各种大型组织。

4. 组织控制方式之文化控制

文化控制是采用社会手段，诸如公司文化、承诺、共享的价值观、传统来控制行为。它与前三种控制的最大区别在于：前三种控制的假设前提是以个人利益和组织利益不一致甚至是冲突的，而文化控制的假设前提是组织成员之间的相互信任和组织共享的价值观念。

实施文化控制面临的情况是，员工可能具有相同的价值观、目标和期望，并在此基础上采取行动，当组织成员具有同样的目标和价值观并相互信任，正式的控制可能就没必要了。但是，实际情况恰恰相反，往往是管理者不能通过正式的控制达到满意效果时，才会想到使用它。因此，文化控制通常应用于下列情况：第一，当不确定性程度很高或组织中存在模糊问题时，文化控制较为重要；第二，横向团队、实行分权化、网络组织结构、雇员参与等新管理方式的公司通常采用自我控制或文化控制；第三，文化控制可以应用于一定的部门，如研究与发展部门。

在组织中实施文化控制必须采取以下两项关键措施：第一，合理授权，管理者不能通过正式的控制来对员工的工作情况进行最佳的监督，就必须相信他们与公司利益是一致的，并充分给他们授权，但这不意味着放弃控制的权力，这显然在考验管理控制的艺术。第二，加强组织文化建设。组织文化上关于组织目标和行为的一系列假设，由组织的全体成员共同分享。它是组织在长期经营和管理活动中所形成的以共享价值观为核心的行为准则和价值评价标准。在这种情况下，公司文化为组织和指导员工工作行为提供了一个框架。组织文化有强弱之分，主要表现为企业文化的一致程度，即有关企业的价值观念和行为准则在多大程度上成为组织成员的个人价值观念和行为准则，同时全体企业成员发展与接受的行为准则的类似程度和有关企业的价值观念。因此，培养优秀的企业文化来增强组织的凝聚力，对于文化控制来说是至关重要的。

第七章
流程优化：流程管理的再造与升级

公司竞争力的提升，体现在三个方面：满足多变的客户需求、成本降低、缩短周期时间。要收到这样的效果，就必须实施流程优化，这是流程管理的再造与升级。事实上，企业总是需要不断透过流程的改善、优化来提升他们的附加价值，创造工时比例，提升营运效率，最终提升公司的竞争力。为此，本章对企业实施流程优化的具体内容、基本方法与工具、步骤、业务流程持续优化的方法进行了全面阐述。

企业实施流程优化的具体内容

对业务流程进行重整为了解决企业面对新的环境、在传统以职能为中心的管理模式下产生的问题，从本质上反思业务流程，彻底重新设计业务流程，以便在当今衡量绩效的关键（如质量、成本、速度、服务）上取得改变。

1. 什么是流程优化

流程即一系列共同给客户创造价值的相互关联活动的过程，在传统以职能为中心的管理模式下，流程隐蔽在臃肿的组织结构背后，流程运作效率低下、复杂、顾客抱怨等问题层出不穷。整个组织形成了所谓的"圆桶效应"。

流程优化是一项策略，通过不断发展、完善、优化业务流程保持企业的竞争优势。在流程的设计和实施过程中，要对流程进行不断的改进，以期取得最佳的效果。对现有工作流程的梳理、完善和改进的过程，称为流程的优化。流程优化不仅仅指做正确的事，还包括如何正确地做这些事。

2. 流程优化的内容

流程优化的目的，不论是对流程整体的优化还是对其中部分的改进，如减少环节、改变时序，都是以提高工作质量、提高工作效率、降低成本、降低劳动强度、节约能耗、保证安全生产、减少污染等为目的。具体而言，流程优化的实施包含以下几个方面。如表7-1所示。

表7-1　　　　　　　　　流程优化的具体内容

事项	含义
总体规划	首先要得到管理层的支持与委托，设定基本方向。要明确企业战略目标、内部需求和IT建设，确定流程优化范围和目标、项目组成员、项目预算和计划
启动项目	召开优化项目启动大会，进行全员动员、宣传，并进行内部流程优化理念培训
流程诊断	流程诊断即诊断分析及流程描述。通过企业内外部环境分析及客户满意度调查，了解流程现状，描述与分析现有流程，通过问题归集，得出诊断报告
优化设计	建立目标，确认关键流程，明确流程优化设计及改进方向，配套辅助信息初步形成，确定优化方案
配套设计	配套辅助信息的收集与整理，职能方案调整，配套方案设计
付诸实施	组织实施，制订详细的优化工作计划，并完善配套方案
项目评测	总结成功得失经验，项目效果评估，指导完善流程管理
持续改进	观察流程运作状态，与预定优化目标比较分析，修正改善不足之处，使流程优化成为一种持续行为

总之，企业在实行流程优化过程中，必须研究整个业务流程中输入、处理、输出三个环节的内容、方法和形式。此外，流程优化体系中的评价体系

不但要有定性的评价内容，还要有各种用于定量分析的管理过程评测指标、相关经济指标及其指标值。只有这样，才能使流程优化落到实处，才能实现流程优化的预期目标，从根本上提高企业的管理水平和竞争力。

企业实施流程优化的三大步骤

要想收到预期效果，流程优化需要按照一定的步骤来进行；一般来说，流程优化必须通过三个步骤来完成：建立流程框架；流程梳理及诊断；流程优化。接下来详谈这三个步骤的认识与理解。

1. 建立流程框架

通过从企业一级流程框架逐渐往下分类分级细化，形成二级、三级直到完整的企业流程清单。其关键是在这个过程中既能体现流程体系的逻辑关联性和完整性，又清晰地界定流程间的边界。

企业的一级流程框架反映了企业的整体业务模式，是从企业最高管理层视角对企业的整体认识。总体框架图既能反映企业的业务运作特点，又能突出企业的战略或核心竞争力，反映企业各业务领域的定位和相互间的逻辑关系。

2. 流程梳理及诊断

第一步搭建好流程框架后，就进入第二步的流程诊断及梳理环节。这个环节主要应该把握三个关键要素：一是建立流程文件描述标准模板；首先要考虑企业已有的文件管理习惯，如兼容已有的文件体系格式，和以往的规章制度的统一，还包括考虑用户的流程图描述软件使用习惯等；其次要区分不同的业务流程特性，使流程描述格式简单。

二是让流程责任部门或责任人成为责任中心，保证后续流程梳理优化工作按时按质完成；流程是管理和业务的载体，是分析、优化、搭建管理体系的过程，流程体现什么样的管理思想和要求，需要流程责任人进行构建，流程是否体现了其管理思想和要求，需要向什么方向优化，也需要流程责任人进行评估判断。三是项目组与流程相关人员进行不断沟通访谈，并与标杆进行比较，对于我们不熟悉的领域，需要不断的访谈沟通及研究学习，根据访谈结果提出优化的方向和思路，并将这些方向和思路不断与客户进行讨论、完善，以达到真正的诊断效果，完成流程诊断。

3. 流程优化

流程优化的重点是目标问题导向和共识的形成。一方面，要明确目前存在的问题和流程优化的目标，切忌漫无目的地优化；另一方面，流程各方参与者对优化方案和问题共识的形成是后续流程推行落地的基础。因此，必须通过有效的项目过程主导、组织和推进流程优化，具体包括设置分步控制点，有效的组织沟通会议推动共识的达成等，以避免流程优化讨论的多轮反复和陷入泥潭。

在这个环节中，可以将流程优化再分成三步，每一步都在上一步共识形成的基础上再进一步细化。如表 7 - 2 所示。

表 7 - 2 　　　　　　　　　　　　流程优化细分方法

序　号	内　容
1	通过对现状的调研总结，建立流程优化框架，包括支撑流程运作的业务组织职责分工、流程优化的目标、流程运作的整体框架、分类定义流程中相关术语等，明确优化的整体方向
2	进入具体流程的优化，基于可运作的现实以及可改进的方向，考虑和现有业务的延续性和承接，因此第二步的优化必须在流程相关运作部门间达成共识
3	流程表单模板的优化，大量的实际操作是通过表单模板来落实的，因此需通过表单模板优化流程

在落实上述三步的同时，在流程优化的整个过程，需要组织大量的研讨沟通会议，进行有效的会议策划和管理，让每次会议都有共识的形成和有效输出。

企业流程优化的几种基本方法与工具

所谓"工欲善其事，必先利其器"，企业实施流程优化需要必备的方法和工具。企业流程优化的几种基本方法与工具包括：标杆瞄准评估法、ESIA 分析法、DMAIC 模型、ECRS 分析法、SDCA 循环。下面就介绍这几个常用的方法和工具。

1. 标杆瞄准评估法

标杆瞄准评估法又称竞标赶超、战略竞标。即从企业外部寻找最佳实务公司作为标准，评价本企业的产品、服务或工艺的质量，以便发现差距，并持续、系统地加以改进的过程。最佳实务公司是指那些在某一特定服务方面业绩或工艺更好的公司。

标杆瞄准评估法的操作流程需要四个步骤来完成：第一步，选定标杆项目与标杆瞄准整体规划。即要明确标杆瞄准的对象，初步制订标杆瞄准的计划，确定数据收集计划，并争取获得高层的支持，成立项目小组。第二步，收集和分析内部和外部数据，确定标杆伙伴企业。即通过对公开发表的和其他渠道信息的收集，遴选出合适的标杆伙伴企业，并争取到伙伴企业进行深层次交流，从中找出正确的纠正性行动方案。第三步，标杆项目绩效改进。即制订合理的实施计划并具体实施，观察实施方案的效果和影响，及时对实施计划进行修正。第四步，持续改进。即对标杆瞄准的数据库进行维护，实施持续的绩效改进计划。

2. DMAIC 模型

DMAIC 模型是用于优化、改进和维护业务流程与设计的一种基于数据的改进循环。它类似于"六步法"（6sigma）中的"优化你的工作流程"，是六步法管理中最经典、最重要的管理模型。只有不满足现状，不断改进，勇于创新，才能从六步法管理中取得卓越成就。

在 DMAIC 模型中，相关分析、试验设计、回归分析、方差分析等都是改进步骤中的统计工具。当用统计方法找到了要改进的环节和方案之后，就要去实施。这一过程中的困难往往是员工长期的习惯不会轻易转变。假如公司欲在各部门内部和部门之间跟踪节约资金，这时就要将预算与实际花费联系起来，或跟踪净节约资金、项目结束时间、项目范围等变量。通过正确跟踪数据，建立回归模型，用回归模型进行预测和控制，使公司收益和顾客满意度达到最大。

3. ESIA 分析法

所有企业的最终目的都应该是提升顾客在价值链上的价值分配。重新设计新的流程以替代原有流程的根本目的，为了以一种新的结构方式为顾客提供这种价值的增加，以及其价值增加的程度。反映到具体的流程设计上，就是尽一切可能减少流程中非增值活动调整流程中的核心增值活动。其基本原则就是 ESIA。ESIA 分析法是减少流程中非增值活动以及调整流程的核心增值活动的实用原则。

实施 ESIA 分析法关键是把握它的四个环节。如表 7－3 所示。

表 7－3   ESIA 分析法的四个环节

环节	实施要点
清除	指对组织内现有流程中的非必要的非增值活动予以清除，如过量产出、不必要的运输、活动间的等待、反复加工、缺陷与失误、过量库存、重复活动、反复检验等

环节	实施要点
简化	指在尽可能清了非必要的非增值环节，对剩下的活动仍需进一步简化，一般可考虑从程序、记录、沟通、物流等方面进行简化
整合	指对分解的流程进行整合，以使流程连贯、顺畅、更好地满足顾客需求。可从团队、顾客、活动、供方四个方面考虑整合；其中，经过简化的作业进行跨职能部门边界的一体化改造，使整个流程形成一个协调和高效的有机整体是流程整合；按流程任务进行逻辑上的延伸，即组建跨层级、跨职能部门的流程作业团队是团队整合；机构整合是指对非流程组织机构按管理控制的要求进行的机构再造；顾客整合是指建立统一的顾客资源管理系统，以实现对顾客提供最佳产品或服务，创造竞争优势
自动化	作业流程的自动化的基础是清除、简化、整合。否则，有些流程采用计算机反而会使之更为烦琐和复杂。重点考虑一下活动：脏活、累活与乏味的工作，数据的采集与传输，数据分析等。这是企业信息化后的必然结果

把握住 ESIA 分析法的四个环节，就可以依次针对 ESIA 的每个方面列出有改进的内容清单，开个各抒己见的献计献策会，鼓励提出任何问题，而不限定在建议的范围，甚至允许对流程存在的必要性和流程对企业的贡献提出质疑。

4. ECRS 分析法

ECRS 分析法是工业工程学中程序分析的四大原则（取消——Eliminate；合并——Combine；调整顺序——Rearrange；简化——Simplify），对生产工序进行优化，以减少不必要的工序，达到更高的生产效率。

ECRS 分析的具体内容如表 7 - 4 所示。

有些学说在 ECRS 四大原则之外还增加了另一个原则，即增加（Increase，简化为 I），其目的是在现有工序的基础上增加新的工序，来增加产品功能、提高产品质量，或者为后续工作做准备等。在实际的工作中要重复性的利用 ECRSI，不断优化→实践→分析→优化，来达到更高的生产效率。

表 7 - 4   ECRS 分析的具体内容

内容	实施要点
取消	首先考虑该项工作有无取消的可能性。如果所研究的工作、工序、操作可以取消而又不影响半成品的质量和组装进度，这便是最有效果的改善。如不必要的工序、检验、搬运等，都应予以取消，特别要注意那些工作量大的装配作业。如果不能全部取消，可考虑部分地取消。如由本厂自行制造变为外购，这实际上是一种取消和改善
合并	合并就是将两个或两个以上的对象变成一个。如工序或工具的合并、工作的合并等。合并后可以有效地消除重复现象，能取得较大的效果。当工序之间的生产能力不平衡，出现人浮于事和忙闲不均时，就需要对这些工序进行调整和合并。有些相同的工作完全可以分散在不同的部门去进行，也可以考虑能否都合并在一道工序内
重排	重组也称为替换。就是通过改变工作程序，使工作的先后顺序重新组合，以达到改善工作的目的。例如，前后工序的对换、手的动作改换为脚的动作、生产现场机器设备位置的调整等
简化	经过取消、合并、重组后，再对该项工作作进一步更深入的分析研究，使现行方法尽量地简化，以最大限度地缩短作业时间，提高工作效率。简化就是一种工序的改善，也是局部范围的省略，整个范围的省略也就是取消

5. SDCA 循环

SDCA 循环就是标准化维持，即"标准、执行、检查、总结（调整）"模式，包括所有和改进过程相关的流程的更新（标准化），并使其平衡运行，然后检查过程，以确保其精确性，最后作出调整和合理分析使得过程能够满足愿望和要求。

实施 SDCA 循环的具体活动步骤如表 7 - 5 所示。

表 7 - 5   SDCA 循环实施步骤

步骤	实施要点
标准化	第一步，寻找与标准有差距的问题，召集有关员工把要改善的问题找出来。第二步，研究现时方法，收集现时方法的数据，并做整理。第三步，找出每一个可能发生问题的原因

步骤	实施要点
实行	标准化及制订解决方法时，依据问题，找出解决方法，安排流程后，立即实行
检查	检查效果，即收集、分析、检查其解决方法是否达到预期效果
制定方法	第一步，把有效方法制度化。当方法证明有效后，标准化为工作守则，各员工必须遵守。第二步，检讨成效并发展新目标。当以上问题解决后，总结其成效，并制订解决其他问题方案

企业业务流程持续优化的三个方法

美国著名管理学家爱德华·戴明曾提出，一个企业 85% 的质量问题和浪费现象往往是由流程体系的不当造成的，而只有 15% 的问题是由于岗位因素造成。他晚年将此比例调整为 96% 和 4%，以强调流程的持续性改进对于企业完善质量控制、提高效率、降低成本的必要性。

持续进行流程优化能使企业减少各环节的浪费，提高运行效率，保障系统表现的稳定性，还能使企业可以通过不断改进运营效率，降低运营费用，有力地抵抗外部竞争对手的挑战，在激烈的市场竞争中有更多的余地采取降价策略与对手周旋。

1. 认识"持续流程优化"

一般来说，认识"持续流程优化"可以从以下四个维度展开。如表 7 - 6 所示。

2. 设立专职的流程管理专员

为了保证流程的持续优化和落实，需要专门的人员负责，流程的持续改进

表 7 - 6 　　　　　　　　　　认识"持续流程优化"的四个维度

事　项	含　义
"持续流程优化"是一种企业文化	企业通过不断完善流程改进产品和服务的质量，一旦出现质量问题也首先会从流程和管理上找问题。"持续流程优化"体现了企业对于持续提高服务质量或产品的一种孜孜不倦的追求。此外，"持续流程优化"的实现也需要企业内部成员具有强有力的合作精神，在问题出现后能够积极配合，与质量控制部门通力合作寻找问题原因，而不是相互指责，推卸责任
"持续流程优化"也是一种经营管理策略	企业在自身发展的同时，必须时时紧跟市场的变化，以市场为导向开展各项经营活动。与此同时，通过持续不断地将吸收到的市场信息反馈给经营者，促使他们准确、及时地根据市场信息对流程进行改进或再造，以保持或提高企业持续的市场竞争力。作为一种经营策略，"持续流程优化"有助于企业更准确地理解市场环境，并结合自身所长准确、快速地对其产品进行市场定位，积极开发迎合市场变化的新产品、新技术以保证企业能跟上市场潮流，在竞争中处于有利地位
"持续流程优化"是一种解决问题的方法	在具体执行中，"持续流程优化"有一些指标体系可用以记录和衡量流程中各环节的运行效果。通过这些记录，决策者可以发现各个流程间的相关性和冗余度，并以这些指标为基础，通过运筹学、博弈论的方法对现有流程进行优化，使企业效率不断提升
"持续流程优化"是一门管理艺术	由于该体系的运行涉及许多参数的准确收集，因而需要相关部门的协调配合，以及客户与客户、企业与客户之间的有效沟通和决策单位的有力领导。因此除了需要有完善的方法论外，还需要执行者在执行过程中运用高超的管理艺术

不能完全由兼职人员完成，即设立流程专员。作为一种特别的工作角色，其要承担规划本单位的流程体系、推动建立、优化跨部门的业务流程、组织流程主人和关键用户参与流程培训、推动流程管理意识的普及、参与流程执行的稽核和审计、协调处理流程管理中出现的争议或问题等工作，要做好这些工作，流程专员要扮演不同的角色。流程专员在流程管理中具有举足轻重的地位。如表 7 - 7 所示。

表 7 - 7 流程专员要扮演的角色

角色	角色分析
建筑师	要规划组织的业务流程体系。这个组织可以是公司级别的，也可以是某个平台或者部门级别的
外交家	通常流程管理部门没有简单的实权，不能指挥业务部门如何做，这就需要流程管理人员具备外交家的智慧和口才。外交者，纵横捭阖，周旋于诸侯间。企业往往是职能化设置的，一个个专业部门，就仿佛一方方诸侯。而流程却偏偏要打破部门壁垒，弱化地方保护
传教士	流程管理者最大的特点是对流程管理理念虔诚的热爱，最多的工作是培训。没有信仰，就不会有热爱；没有培训，就不会有理解；没有理解，就不会有执行。传教士最大的特点是热忱，最多的工作是传教
领导者	流程管理者要勇于站出来，通过专业知识的呈现，引领公司的流程管理走向规范和有效。避免公司里流程混乱，各自为政，群龙无首
发言人	发言人最重要的职责不是说服别人，而是清晰地阐述流程管理的立场——无论对内还是对外。变革管理是企业永恒的话题，沟通计划是变革管理的核心之一
主人翁	固然，流程拥有者应该承担过多的业务责任，但是作为流程管理人员，必须敢于承担流程管理的最终责任

从上面的内容可以看出，流程专员虽然职权不高，但肩负的职责不小。要承担这样的责任，对流程专员的个人能力提出很高的要求：清楚整个流程的工作情况；周围环境对流程的影响，流程对商业的影响要有全面的认识；有着能够影响决策及自身管理职能范围外的人格魅力。

3. 基于流程的绩效考核

流程管理体系需要和制度、绩效有效结合，将绩效考核引入，流程管理不应是孤立开展。流程绩效管理是对企业商务经营活动的动态管理，通过对时间、质量、成本与风险等关键业绩指标的分析，能够反映企业经营状态，检验企业经营策略与业务流程设计的合理性，实时提出优化建议。

流程绩效管理的优势在于，可以按照企业战略发展规划制定实施的量化目标，并通过客观的数据采集与加工来体现公司的实际运营状况，并针对检测结果做出调整，从而更好地实现企业战略规划。基于流程的绩效考核主要有如下几个指标。如表 7 - 8 所示。

表 7 - 8　　　　　　　　　基于流程的绩效考核主要指标

事　项	含　义
时间指标	时间指标在企业整体流程层面，主要是指订单完成时间，即企业在接到顾客订单之后，安排原材料采购、生产加工、物流配送、指导向顾客提交合格产品等一整套过程所需要的时间。通过任务分解，则可针对每一环节派生出分环节时间指标
成本指标	综合运用管理会计手段及财务会计手段，监督企业在价值创造过程中人、财、物等经营要素的使用状况，尤其是运用会计手段、采用直接成本核算方式对企业主要的资源消耗环节进行重点监控，通过优化流程、节约资源来降低成本
质量指标	企业内部的质量控制对企业内部各个环节向下游传递的物品是否符合要求进行监控，企业外部的质量水平代表了是否能向顾客提供符合要求的产品或服务
风险指标	风险指标主要包括市场风险和财务风险，其中财务风险是指企业现金流和支付能力、资本周转率、投资回报率等一系列财务指标，市场风险主要是指企业的销售数据与发展趋势等

将以上四方面关键指标作为企业定量化业务流程管理的主要手段，可以使企业随时掌握内部的经营状况，并通过一系列表象发现企业实际运行状况的因果关系，其优势在于监督控制过程的持续性和实时性，是对企业全环节的动态流程管理。

第八章
企业执行：连接企业战略目标与实现目标的桥梁

执行是连接组织的实现目标与战略目标之间的桥梁，是通过各种努力使组织的战略目标得以实现的过程。为此，本章讨论了以下内容：影响企业组织执行力的七个关键因素；企业提升组织执行力的三大要素；企业组织执行三大核心；铸造企业执行力的六大执行法则。旨在从根本上理解执行力，从行动上贯彻执行力，帮助企业打造强有力的组织执行力。

影响企业组织执行力的七个关键因素

如今越来越多的企业已经意识到制订一个战略远比执行一个战略容易。制订战略有时还可请咨询公司代劳，但执行能力是任何其他人都不能代替的。如何才能确保组织具备强大的执行力呢？显然，仅靠雷厉风行的领导者远远不够，建立系统化的保障才是长久之计。下面将简要讨论影响执行能力的七个关键因素。

1. 战略产生的过程

在对企业内、外部条件分析的基础上，根据企业使命及战略目标，选择合适的经营战略，设计经营战略方案并做出评价与决策，同时制定阐明经营战略的政策，就能最终形成经营战略，这个过程就是战略产生的过程。

在制订战略的过程中，应该让那些与战略有关的人员参与进来，诸如执行此战略的人员、受到战略执行影响的人员、组织中高中低层的代表员工、相关专业领域的专家等。这些人员的参与会使制订的战略更具有针对性和可执行性，同时还会使战略在未执行前就获得很多支持。让与战略有关的人员参与，有两点需要注意：第一，战略制作程序可能耗时很长，企业领导可能在试用一两次后就失去了兴趣；第二，制作出的战略折中了各方面方案，易于平庸化。在制订战略时企业领导绝不能因为遇到这些困难就半途而废，而应耐心地实现程序和参与人员的不断成熟，使组织的执行能力也上一个新台阶。

2. 工作计划系统

制定了战略规划，企业的运行也就有了方向。有了方向的指导，目标的层级关系就会体现出来，使目标有系统、有层次，执行也会更具"可操作性"。对目标的分解就是把共同目标分解为员工目标、部门目标和企业目标，工作计划系统是确保执行能力的基本因素，其目的是将战略细化为可执行的任务，将任务分配给正确的员工并确保员工理解个人任务与企业战略的联系。仅期待下级员工去自行理解，筹划行动，很容易产生大量浪费以及执行偏差。

3. 信息沟通系统

信息沟通系统包括企业内部及企业与外部环境的信息沟通。企业内部沟通的主要目的是用于战略制订完毕后辅助实施，企业与外部沟通的作用是确保员工的思想意识与外部经营环境保持同步。

企业从上至下的沟通系统固然重要，但组织内成员适时地从多渠道收到全方位的信息不是从上至下一个沟通系统能实现的。因此在信息系统的设置及实施中要注意两个问题：第一，不能向员工提供原始信息，更多是经过企业内有关部门或领导剪辑过的信息。企业这样做的目的是为了节省员工的时间，但这种方式只会减弱员工自行推理企业战略的积极性与能力；第二，企业从上至下信息沟通的失真及损耗，会直接导致信息到达最终执行层时已经不能起到辅助实施的作用。

4. 企业的培训与发展系统

在企业的众多资源中，人力资源的重要性越来越引起重视，任何企业的发展都离不开优秀的人力资源和人力资源的有效配置。如何为企业寻找人才、发展人才、保留人才、为企业保持强有力的竞争力和生命力，提供最佳的人力支持是现代人力资源管理的核心内容。这就要求企业有一套行之有效的培训系统迅速将新战略要求转化为培训发展方案，帮助企业迅速获得新的思路、知识和能力，并淘汰旧的知识和能力。

培训与发展系统的关键是要能调动员工学习及应用的积极性，为此要注重从精神和物质两个方面鼓励员工。培训的方式可以是多样化的，如师傅带徒弟、内部课堂培训、外部课堂培训、内部经验交流、外部参观学习等。

5. 组织结构设置

组织结构是表明组织各部分空间位置、排列顺序、聚散状态、联系方式以及各要素之间相互关系的一种模式，是整个管理系统的"框架"。组织结构必须随着组织的重大战略调整而做出调整，因为不合理的组织结构设置会成为战略执行的障碍，例如组织结构与企业核心经营流程不配套或当组织结构导致某些重要工作任务"责任者缺位"时，或部门之间的壁垒重重时。

在对企业组织结构进行优化设置时，应该把握三项原则：第一，要以稳定性存在或组织机构的稳定性过渡为前提；第二，要分工清晰，有利于考核与协调；第三，部门、岗位的设置要与培养人才、提供良好发展空间结合起来。只有把握好这三项原则，才能消除领导层的结构性障碍，保持核心业务流程中的人员与支持性部门人员的合理配比。

6. 企业的决策系统

决策系统指企业内的授权结构及决策方式，也就涉及到某决策节点上的个人或团队能不能做决定及如何做决定的问题。试想一下，如果企业的决策系统非常分权或非常集权，执行能力尤其是执行速度将大打折扣。

为了便于决策者更好地行使指挥权，企业必须建立完善的决策系统，它应该包括决策咨询系统、决策支持系统、决策评价系统、决策监督系统及决策反馈系统。只有完善这五个系统，才能使决策机制趋于完善。

7. 奖励系统

奖励系统是确保执行能力的最后一项要素。只有将绩效评估的结果和金钱奖励结合在一起，才能使绩效评估系统变得更有效。对于所有绩效管理环节来说，奖励系统的实施和绩效评估的有效性之间的关系是很重要的。研究发现，对新战略充满热情的员工可以不计较短期内的个人得失，但当奖励系统在嘲讽他们的努力时，作为一种社会动物的人是很难特立独行的。而当支持战略的人变为极少数时，执行的效果就难以保证了。

企业高层领导一定要注意：在确保战略执行时先检查一下前六项因素。把奖励系统放在最后并不代表它不重要，如果前六项中有重大缺陷，奖励系统是无法取得预期效果的。

以上几项是影响企业执行能力的七个关键因素。每项因素都很重要，但不同时期及形势下某些因素会更关键。

企业提升组织执行力的三大要素

在执行力文化氛围较浓的企业中，企业战略与规章制度能够得到很好（90%以上的制度流程、工作计划等得到贯彻）的执行。其主要原因就在于，以下三个方面做得好。这三个方面也就是提升组织执行力的三大要素。

1. 组织结构及岗位责、权、利清晰

企业组织结构的概念有广义和狭义之分。实现组织的目标是狭义的组织结构，在组织理论指导下，经过组织设计就会形成组织内部各个层次之间、各个部门固定的排列方式，即组织内部的构成方式。广义的组织结构，除了包含狭义的组织结构内容，还包括组织之间的相互关系类型，如经济联合体、专业化协作、企业集团等。我们这里主要针对的是狭义的企业组织结构。企业组织结构及岗位责、权、利清晰是企业管理有效率、有秩序的基础。不论企业属于何种行业，不论其规模大小，企业运营所需的所有工作内容均须通过设立部门、岗位来执行，同时还需给岗位配置适宜的员工来实现相应的工作目标。

企业组织结构的本质是责、权、利关系的划分。组织结构的制定过程，是公司各项工作内容分配职责，确定合适人选的管理沟通过程。各部门工作职责及高层主管领导确定后，须由公司领导确定合适的部门经理来承担相应的部门管理责任。公司组织结构在得到企业高层管理者的共同认可后，需要进行内部公示，详细明确各部门工作职责、各部门主管领导、各部门管理负责人。各岗位员工也须签署清晰的职位说明书，明确其岗位工作内容、考核标准与能力要求等。当然，部门职责和组织结构的明确与公示，也不是一成

不变的，企业可以依据需要，每半年或一年做一些部门职责的局部调整或组织结构的整体调整，以适应企业不同发展阶段和战略管理的需要。

2. 工作流程与制度公示、培训到位

给相关工作职责的管理承担者授予公开的责、权、利后，管理者要做的重要事情就是为员工建立工作规则。优秀的管理者一定是一位为员工"修路"（预先制定、告知并培训员工工作流程、标准与方法，避免员工犯错误）的高手，而不是"修人"（员工因经验不足做错事时，修理、批评、指责员工）的高手。

制度建设的前提与核心，是进行文化理念的建设。明确公司、部门所倡导的价值观与行为规范，告知员工什么是好的，什么是不好的；什么是该做的，什么是不该做的。有核心价值观做基础，制度才能围绕企业文化理念来制定。制度建设中，先从部门工作职责出发，规划出部门或公司工作制度框架（公司或部门应建立哪些制度）。而每个制度内容的制定，须要综合考虑企业工作流程、发展阶段、与工作接口分析、促进提高工作效率、保证工作质量等几个维度。确保制定的制度是适宜的、有效的、可执行的。

为了确保工作的有效执行，制度中除了明确相关工作的工作职责、工作标准、工作流程外，还需要明确可执行的工作模板。相关的工作制度经公司管理者讨论确定，公司领导审批通过后，也还要定期进行更新及公示。同时，在制度公示后，更要对需要知悉的岗位员工及相关工作的执行人进行内部持续的培训，不仅要向他们详细讲解制度制定的原因、价值何在、工作模板等；还要讲解员工行为规范等，为员工做示范并教会员工，使相关内容或要求能够体现在员工日常的工作行为中。只制定制度，而不进行内部公示、培训和沟通，这些制度就会变成毫无价值的一堆废纸，员工执行力就更不用谈了。

3. PDCA 绩效管理循环执行到位

PDCA 循环系统是由美国质量管理专家戴明提出来的，所以又称为"戴明环"。绩效管理系统一般包括绩效辅导沟通、绩效计划、绩效考评和绩效反馈四个环节，也称 PDCA 循环。它是对年度目标的制定、分解、执行、跟踪与调整过程。PDCA 的含义是：P（Plan）即计划，D（Do）即实施，C（Check）即检查，A（Action）即行动，对总结检查的结果进行处理，成功的经验加以肯定并适当推广、标准化，失败的教训进行总结，未解决的问题放到下一个 PDCA 循环里。

执行 PDCA 循环系统，首先要制定公司的绩效管理流程，明确什么时间完成什么事，由谁来做，怎么做，用什么工具来做，做到什么程度，由谁来跟踪检查工作目标的执行情况，用什么模式来收集、统计、分析过程数据，用什么方式来奖惩工作结果。从经验来看，定期进行管理者沟通会（阶段管理者工作目标、定期工作报告制度、成果汇报交流会）是比较有效的管控模式。例如，年初由各部门经理与公司高管明确各部门管理者的工作考核指标及达成目标时，团队的奖惩方案（公司领导与管理者签署业绩目标合同）会让管理者明确清晰的团队工作目标、方向与动力。并由经过绩效管理职业培训的管理者，对本部门的工作目标进行内部分解（依个人目标及团队目标，制定部门员工岗位的阶段目标，并与员工达成书面协议）与部门工作的目标传达沟通。在目标执行过程中，则通过周报、例会、绩效沟通等多种方式进行目标执行过程的跟踪控制与有效信息交流。由管理者对员工进行技能培训、工作过程指导、工作监督检查，确保员工能力达到岗位绩效要求，促进岗位及团队工作目标的达成。此外，管理者还需要通过有效的数据收集工具（对员工的工作内容通过 ERP 系统、定期报表等方式进行收集），收集量化的考核数据，以便阶段目标达成后与先前制定的量化目标值进行对比，并依此修正合适的下阶段工作目标。在绩效周期阶段末，员工未能达成相应工作目标，公司领导及管理者须帮助员工分析未达成的原因，必要时，还要勇于辞退或调整不符合岗位要求的绩效较差的员工；达成相应的工作目标后，公司领导应如期兑现相应的奖励承诺。

总之，计划、实施、检查、行动这四个过程是周而复始地进行，一个循环完了，解决一些问题，未解决的问题进入下一个循环，阶梯式螺旋上升。周而复始的 PDCA 循环过程，就是企业目标持续达成的过程，也是员工职业能力持续发展的过程，更是企业及员工执行力表现优异的结果体现。

不可或缺的企业组织执行三大核心

企业组织执行过程中不可或缺的三大核心：用对的人、做对的事、把事做对。即人员流程、战略流程和运营流程。而用对的人、做对的事和把事做对正好对应这三个流程。任何一次成功的执行都少不了人员、运营和战略这三大流程。

1. 用对的人——人员流程

用对的人是执行的核心流程中的人员流程。人员流程的核心是用正确的人，是指企业组织内关于人的选、育、用、留等工作流程，要把合适的人放到合适的岗位，做到量才适用。

健全的人员流程有三项目标：一是准确深入地评估每位员工；二是提供一个鉴别培养各类领导人才的架构，以配合组织未来执行策略的需要；三是充实领导人才储备，以作为健全接班计划的基础。这三项目标中有两个关键所在：第一个关键着眼于执行力的绩效管理，准确地衡量每个员工。有人认为标准不能定得太低，如果一个组织中有 80% 的员工在绩效方面达到中等以上水平，就是不正常的，企业的执行力自然就很弱。而如果一个企业只有

50%的员工达到中等以上水平，还有部分表现一般，13%～17%比较差，拉开层次，自然就能激发员工的动力，企业的很多目标就能落到实处。70%的世界500强企业都会采取二十世纪最重要的两个管理工具之一的平衡计分卡，对员工进行考核。第二个关键是建立有效的人才选拔模式，提供鉴别与培养领导人的架构，以配合组织未来执行策略的需要。好的人力资源总监应该站在战略高度帮助公司物色优秀人才，建立相应的企业文化，维护公司的价值体系。显然，人力资源部在人员流程这一环节扮演着重要的角色。

2. 做对的事——战略流程

战略流程实际上就是一份行动方案，是通向结果的一条路径。做对的事是执行的核心流程中的战略流程。

战略流程实际上是关于策略如何执行的问题。策略是行动方案，可供企业领导人达成具体目标。建立执行的战略流程，就是将战略转换为可执行的语言，化为每个人的日常工作。在实现目标的过程中，执行力好的企业会不断地提出问题，寻找没有把战略落到实处的根源，进行因果校验。这样不断找出问题的所在加以解决，企业才能得以不断发展。

3. 把事做对——运营流程

把事做对是执行的核心流程中的运营流程。运营流程即实施步骤，它通过详细的跟进措施以确保每个人都能完成自己的任务。

运营流程实际上是将策略转换为运营计划的过程，即在短期内（通常是一年）完成各项方案，以达到企业销售、获利的既定目标。在铸造执行力的过程中，最重要的是对人员流程、运营流程、战略流程进行有效联结，这也就构成了执行力的核心。

综上所述，战略流程设定出企业行进的方向；人员流程则决定着哪些人参与；运营流程则为这些人指明了执行的途径，并将长期目标切割成短期目标，予以付之实现。这三个流程是彼此紧密联系在一起的：战略的制定必须考虑到企业人员的运营和条件过程中可能出现的实际情况，而对人员的选拔也应当根据战略和运营计划的要求进行，同时企业的运营计划还必须与它的人力条件和战略目标相结合。因此，以用对的人、做对的事和把事做对为核心的三大流程整合与运转情况，决定了执行力的高低。

铸造企业执行力的六大执行法则

铸造企业执行力有六项执行法则，它们是服从法则、目标法则、冠军法则、速度法则、团队法则和倒逼法则。下面就一一阐述。

1. 服从法则：以服从为天职

在许多专业性很强的工作领域，新员工已经在学校接受了相当程度的专业态度和行为训练，这些训练通常都是超越具体工作的。然而，每个新成员在进入组织之前都有自己的一套期望、价值观和经验，当他们进入实际的组织之后，可能发现今天所面对的工作、同事、上司乃至公司整体的规范，与自己的期望和理解之间存在较大的差异。在这种情况下，新员工就必须经过一个社会化的过程，使自己从以前的假设中摆脱出来，以适应新环境的需要。

不管公司的人员甄选和录用工作做得多好，新员工都难以立刻适应公司的文化和规范，有的员工还可能会对工作现状彻底失望，甚至会辞职。为了让员工了解和适应公司的规范，公司可以通过"强化训练"把规矩灌输给新员工，把"外来者"塑造成合格员工。那些不能掌握角色行为要领的员工很可能会被称为"不服从者"或"叛逆者"而被辞退。

在这个过程中，员工或管理者都应该注意的是，公司既可以通过新员工社会化的过程，把他们塑造成循规蹈矩的服从型员工，也可以造就富有创新精神的自主型员工，关键是公司制定的规范和在培训过程中强调的是什么？事实上，任何人都不能保证员工每时每刻都遵守所有的规范，而且有的规范本身还是相互矛盾的。因此，重要的是管理者要区别边缘规范和核心规范，即有关工作的最重要的核心观念与处理小问题的规则。对于偏离边缘规范的行为应当适当宽容，对于核心规范的偏离行为则绝不可掉以轻心。

2. 目标法则：盯准一只野兔

明确团队目标，不但能使团队成员团结一致，还能充分调动团队成员的积极性，发挥他们各自的潜能和才干，自觉克服一切困难，使团队达到高效。

团队目标是团队生存的基础，没有目标，团队的存在也就失去了意义！而明确的目标则是高效团队的第一出发点，因为如果没有明确的目标，就不能形成团队发展的凝聚力，那么整个团队就会陷入瘫痪状态。

明确的团队目标还能为团队运行过程中的决策提供参考，可以成为判断团队进步与否的标准。团队目标不但影响着决策制定、团队战略，而且团队进步与否最终也要看绩效是否符合团队目标的预期及团队成员的目标实现程度。

当然目标一定要量化，没有量化的目标是没有任何意义的；目标一定要明确，不能模糊，就像打靶一样，如果靶子都看不清楚，打中就会成为偶然，打不中也就成了必然。

3. 冠军法则：做自己擅长的

"做自己喜欢和善于做的事，上帝也会助你走向成功。"这是比尔·盖茨说过的一句话。比尔·盖茨是计算机方面的天才，在他还没有成名的时候，出于一种本能的爱好，对计算机十分痴迷，是典型的工作狂。也正是因为这个原因，才成就了后来的世界首富辉煌而幸福的人生。假如比尔·盖茨没有做自己擅长的事，而是选择了自己不擅长的法律、教育方面的工作，恐怕上帝也爱莫能助！企业中的工作也是如此，多数人没有做自己擅长或喜欢的事，而是消耗着青春，心里却在抱怨：为什么成功总是那么难？为什么冠军不是我？其实不妨思考一下：自己究竟擅长做什么工作？这个问题有点难度，许多人并不知道自己擅长做什么？让一个擅长搞公关的人从事实验研究的工作，就未免太不合适了。所以，研究与开发自己擅长做的事很重要。

如今的社会并不欢迎高不成低不就的人，更愿意接纳某一领域的冠军。只要你是最好的，哪怕这个领域的空间很小，仍然会成为社会的宠儿。这是一个越来越专业的时代，不在于你懂得多，而在于你懂得有多精。用心观察就会发现，那些成大事者几乎都有一个共同的特征：不论聪明与否，也不论他们从事哪种行业、担任何种职务，他们都在做自己最擅长的事。换句话说，平凡的人之所以平凡就是因为多数人在从事自己并不擅长的事情。

"冠军法则"告诉我们：一个人要有执行力，一定要找到自己最想做的事，当然这也是他最能干的事。如此，他就能每天都很有激情地去工作，也最容易成功！

4. 速度法则：先开枪再瞄准

世上有些事是你以现在的视野看不清楚的，必须先走两步。正如一位成功的企业家所说："我不会花三个月来谋划，把规划书连标点符号都改清楚，然后再去做这件事情。我会边实施、边修正。只要方向一旦明确，有三分把握，我就敢做。我是要求速度的，尽快实施。"由此可见，铸造企业执行力就要遵循"速度法则"。先开枪再瞄准是有道理的。先开枪，再瞄准，边走边打，只要方向没错就行，

《孙子兵法》中说："激水之疾，至于漂石者，势也。"意思是说，只要水流足够快，石头也能漂起来。事实上，最优秀的决策者是在转瞬之间便做出决策的人，并不是那些掌握最丰富信息资源的人，也不是那些终日冥思苦想的人。决策不仅需要思考，更要当机立断。这是因为，1 永远大于 0，为追

求 100 而放弃 1，结果必定什么也得不到。天下武功，唯快不破。小步快跑，是这个时代的需求。

5. 团队法则：竞争下的优胜劣汰

我们都清楚，人都有惰性，一个团队组织要想保持持久的动力与活力，就要引入竞争机制，优胜劣汰。

谈到竞争，团队内部同样也需要有竞争。事实上，如果一个团队内部没有竞争，在开始的时候，团队成员也许会凭着一股激情努力工作，时间一长，一旦发现无论是干多干少，干好干坏，每一个成员都享受同等的待遇，员工的热情就会减退，就会用"做一天和尚撞一天钟"的方式混日子。

在团队内部引入竞争机制，可以打破这种团队制度。只有引入竞争机制，实行赏优罚劣、赏勤罚懒，打破这种看似平等实为压制的利益格局，让团队成员的主动性、创造性得到充分的发挥，团队才能长期保持活力。同时，也有利于整个团队结构的进一步优化。在团队组建之初，对成员的特长优势了解不全，分配任务时就无法做到才尽其用。而随着竞争机制的引入，通过竞争的筛选，就能发现哪些人更能适应某项工作，保留最好的，从而实现团队结构的最优配置，激发出团队的最大潜能。

6. 倒逼法则：没有退路就是出路

"倒逼法则"告诉我们：不给自己留任何退路，执行力会更强。服从命令，听从指挥，倒逼自己抓紧时间往前冲，最后反而能成功。没有退路就是出路。

执行力就是提高时间的使用率。时间会倒逼完成任务，提高执行力。比如写作，如果限定好三十分钟，就真的可以在三十分钟内写完。养成新习惯，设定两周时间，头脑就会在预期的两周内都执行这个任务，也会让自己记得去执行。总之，倒逼自己、给自己限定时间是提高执行力的好方法。

第九章
绩效评价：激活企业转型升级的法宝

进入转型升级的经济调整期后，遇到的一系列现实问题都离不开转型升级的评价体系。企业面对转型升级，其评价体系既要"引领"又要"总结"。转型实践与评价认可的"匹配"也已是个现实课题。为了便于实际操作，这一章从实操层面解析基于绩效管理的企业绩效激励机制的构建方法，探讨企业绩效管理过程中的 KPI（关键业绩）、GS（工作目标设定）、KCI（关键绩效）指标设计方法，强调避开关键绩效考核指标设计的量化误区。

基于绩效管理的企业绩效激励机制的构建方法

绩效管理又称为业绩管理，是将组织的和个人的目标联系或整合，以获得组织效率的一种过程。企业绩效激励机制的建构是绩效管理的重要组成部分，包括绩效制度的设计、建立、考核、管理、实施、反馈，这些模块共同构成绩效管理这一完整的系统。企业绩效激励机制的建构是企业管理者应该首先做好的工作，合理、科学、人性的绩效激励机制是绩效管理工作得以顺利进行的保障。

建构有效的企业绩效激励机制，是指通过某种切实可行的措施，在不违背员工利益与企业利益的前提下，满足员工的基本需要，提高工作的积极性，从而实现企业的可持续发展。企业要加强内部管理，规范企业生产和经营方式，各部门要通过分解任务和落实责任将工作绩效发挥到最大限度，努力降低生产成本、改善生产经营方式、提高工作效率、改善企业文化和上下级之间的协商沟通状况，激发员工的工作能力、提高员工素质，从而保证企业的稳定持续发展。

1. 明确绩效激励机制考核内容

企业对员工的专业培训，员工职责分工的明确化，常态化工作、阶段性工作和临时性工作的不同分类考核，以及考核者自身的绩效评估，都是绩效激励机制建构应该注意的考核内容。考核内容是企业绩效激励机制建构的主要表现，企业人力资源管理部门应该引进专业人士进行专业管理和培训，对员工的职责分工具体到位，对常态化、临时性和阶段性工作所占的考核比重做出明确分析并对考核者进行多样化选择。

2. 确定绩效激励机制考核指标

绩效考核指标是企业绩效激励机制建构的首要任务。企业要根据内部员工的职责分工制定量化指标，对员工的工作素质、工作任务和工作态度制定相应的量化标准，并将考核指标具体化，实现考核在实行的过程中的可操作性和实用性。对于企业管理人员和普通员工的考核指标，不同方面所占的权重也有所不同。例如，工作技巧、团队合作、工作管理态度等方面对二者所占的考核比重不同。

3. 绩效激励机制考核方法

为确保企业绩效激励机制发挥作用，绩效考核方法应多种多样，诸如工作标准法、排序法、关键事件法、硬性分布法、目标管理法、360度考核法等。在日常性考核和阶段性考核过程中，可采用不同方法，这些方法的综合运用，确保激励目的的实现。以360度考核法为例，此方法是结合多种方法，通过不同的考核者来进行考核，在考核指标选择上要尽可能量化，同时要结合目标管理和一定程度上的硬性分布和强制排序。

4. 逐步完善绩效管理的配套机制

绩效管理不是孤立的，它与员工职业生涯和培训开发密切相关，因此要建立起相应的配套机制，这样才能保证绩效管理收到实效。首先，要开展与绩效管理相关的培训、开发和建设。实现绩效需要员工具备一定能力，但作为员工本身是具有独特性的，绩效能力良莠不齐，为了将员工能力不足补齐，就需要建立一套完善的培训体系。将绩效管理和培训开发有机地结合，才能保证较高的绩效产出。其次，要重视员工的职业生涯规划，设计符合公司员工职业生涯的发展制度。只有员工明确了这一点，才能在公司的发展中找到努力的方向。

随着企业之间的竞争越来越激烈，要想在市场经济中稳定地发展，企业就要不断发现需要解决的问题，逐步健全绩效激励机制，化解员工与公司的矛盾，使绩效管理发挥积极的作用。

企业绩效管理之 KPI、GS、KCI 指标设计方法

在企业绩效管理中，经常会用到 KPI、GS、KCI 指标。KPI 是对结果的考核，GS 是过程的考核，KCI 是对素质的考核。进行 KPI、GS、KCI 指标设计需要运用一定的方法。

1. KPI 指标设计方法

KPI 是企业业绩考核的方法之一，其特点是考核指标围绕关键成果领域进行选取。建立 KPI 指标有以下几个要点需要把握。如表 9-1 所示。

表 9－1　　　　　　　　　建立 KPI 指标需把握的要点

序号	内　容
1	建立 KPI 指标的要点在于要有计划性、流程性和系统性。首先明确企业的战略目标，并在企业会议上利用"鱼骨分析法"和"头脑风暴法"找出企业的业务重点，也就是企业价值评估的重点。然后，再用"头脑风暴法"找出这些关键业务领域的 KPI，即企业级 KPI
2	各部门主管要依据企业级 KPI 建立部门级 KPI，并对相应部门的 KPI 进行分解，确定相关的要素目标，分析绩效驱动因素（人、技术、组织），确定实现目标的工作流程，分解出各部门级的 KPI，以便确定评价指标体系
3	各部门的主管和部门的 KPI 人员一起再将 KPI 进一步细分，分解为更细的 KPI 及各职位的业绩衡量指标。这些业绩衡量指标就是员工考核的依据和要素。这种对 KPI 体系的建立和测评过程本身，就是统一全体员工朝着企业战略目标努力的过程，也必将对各部门管理者的绩效管理工作起到很大的促进作用
4	指标体系确立后，还需要设定评价标准。一般来说，指标指的是从哪些方面评价或衡量工作，解决"评价什么"的问题；而标准指的是在各个指标上应该达到什么样的水平，解决"被评价者怎样做，做多少"的问题
5	要对关键绩效指标进行审核。例如审核这样的一些问题：多个评价者对同一个绩效指标进行评价，结果是否能取得一致？这些指标的总和是否可以解释被评估者 80% 以上的工作目标？监控和跟踪这些关键绩效指标是否可以操作等。审核主要是为了确保这些关键绩效指标能够全面、客观地反映被评价对象的绩效，而且易于操作

　　每一个职位都影响着某项业务流程或流程中的某个点，因此在订立目标及进行绩效考核时，应考虑职位的任职者是否能控制该指标的结果，如果任职者不能控制，则该项指标就不能作为任职者的业绩衡量指标。管理者给下属订立工作目标的依据来自部门的 KPI，部门的 KPI 来自上级部门的 KPI，上级部门的 KPI 来自企业总的 KPI。例如，跨部门的指标就不能作为基层员工的考核指标，而应作为部门主管或更高层主管的考核指标。只有这样，才能保证每个职位都是按照企业要求的方向去努力的。

2. GS 指标设计方法

GS 是对过程绩效的评价方法，不仅能弥补完全量化的关键绩效指标所不能反映的方面，还能更加全面地反映基层员工的表现。具体的设计要点如表9 – 2所示。

表 9 – 2　　　　　　　　　　　　GS 指标设计要点

要　点	内　容
工作目标与目的的设定	工作目标与目的的设定，要根据被考核人的工作岗位职责，结合公司整体发展战略，充分反映考核主体对被考核人工作的期望和要求，做到科学合理、具体明确，与量化的关键业绩指标互为补充、互相衔接，构成全方位考评被考核人关键工作表现的体系。具体设定时，考核主体应了解被考核人实现关键工作目标设定需要的资源和帮助，指导被考核人制订工作计划；考核主体应向被考核人提供各相关单位的年度生产经营计划；考核主体要与被考核人充分沟通，最后达成一致意见
评估标准的制定	每一项设定的工作目标，都要制订相应的评估标准。评估标准应该是可衡量的，应具挑战性又具可实现性，并被考核主体和被考核人一致认同
评估权重的确定	工作目标设定权重反映了考核主体对被考核人 GS 的期望。GS 越重要，被考核人对该项工作的直接影响力越大，权重就越高
评估级别的确定	评估级别是用来衡量被考核人工作表现的，一般分为四级。第一级为未达到预期：被考核人职责范围内关键工作未达到目标；关键工作表现低于合格水平，妨碍了本单位整体业务目标和主管单位整体业务的实现；未表现出任职岗位应有的个人素质能力。第二级为接近预期：被考核人职责范围内关键工作中达到了目标，没有超出设定目标的表现，个人素质和能力还有待提高。第三级为达到预期：被考核人在职责范围内大部分关键工作达到了目标；在少数领域的表现超出了设定的目标；为主管单位整体业务和本单位 GS 做出了贡献；表现出了稳定、合格的个人素质与能力。第四级为超出预期：被考核人在职责范围内许多关键工作表现超出预期目标；成功完成了额外的工作，并为本单位 GS 和主管单位的整体业务目标实现做出了贡献；表现出了超过预期目标要求的个人素质及能力

业绩考核时，将根据被考核人在每项关键工作目标设定上的完成情况，对其工作绩效按以上等级准确定级别档次。工作目标设定完成效果评价，不同于关键业绩指标的考核，不是根据现成的生产经营统计数据得出确切的业

绩结果，其完成分值是以考核主体的评级实现的。

3. KCI 指标设计方法

KCI 考核就是，通过对员工工作绩效特征的分析，提炼出能代表绩效的若干关键绩效指标，以此为基础进行绩效考核。KCI 必须是能够衡量企业战略实施效果的关键指标，其目的是建立一种机制，将企业战略转化为企业的内部活动和过程，不断增强企业核心竞争力和持续地提高企业的经济效益。技术开发人员由于岗位的特殊性比较难以考核，用其他方法都显得不合理，而采用 KCI 对技术开发人员进行考核，轻行为、重结果，体现了对技术开发人员科技成果的具体价值贡献的重视。另外要说明的是，人力资源管理上的 KCI 指的是人力资源管理胜任力，所谓的胜任力特征是指在工作中能够区分绩效高低的员工的指标。

现在越来越多的企业将软性能力列入员工的考核指标，即考核指标 = KPI + KCI（这里的 KCI 可以理解为"关键绩效胜任力"）。将 KCI 与 KPI 结合考核，通常会遇到两个问题：第一，KCI 如何打分？第二，KPI 和 KCI 各自在考核指标中所占的比例是多少？

针对第一个问题，只要企业构建胜任能力的模型，根据能力等级对应的行为，评估绝大多数行为表现符合哪一个能力等级，并进行相应的评分即可解决。针对第二个问题，KPI 和 KCI 的权重一般会有三种方案（注：三种方案具体的百分比可做调整）。如表 9-3 所示。

表 9-3　　KPI + KCI 形成的三种方案中 KPI 和 KCI 占的比例

方　案	KPI	KCI
方案一	30%	70%
方案二	70%	30%
方案三	100%	只反馈不计入评分

三种方案的差别在于公司给员工传达的信息是不同的：方案一的意义是，公司给员工传达的信息是更看重员工达成工作结果的过程，这种方案对于研发类人员或者管理人员更为适用，因为他们很多的工作都不能单纯地用结果来评价，工作过程很重要。方案二的意义是，公司给员工传达的信息是更看重员工的工作结果，但是也关注达成结果的过程，这个方案更适用销售这类靠数字说话的工作，基层员工。但它跟下面的方案三的区别在于，方案二也关注员工达成结果的过程，通俗点说，产品卖出去很重要，但怎么卖出去的也重要。因此，这一方案对于销售而言，适用的是对公司品质、品牌形象比较看重的公司。方案三则完全是以结果论英雄。这一方案的风险在于：第一，不计入绩效分数，员工就不会关注能力要求的行为；第二，完全以结果论英雄，可能会使员工为达目的不择手段。因此，通常我们会推荐公司将这种方案作为引入 KCI 开始考核的过渡方案，先让员工运用胜任能力模型来观察行为，为行为打分，待熟悉了模型后再换成方案一或方案二，将 KCI 的结果计入评分。

使用哪一种方案没有标准答案，需要参考企业和业务特征、行业特点以及层级和职能的特点。通常是根据不同层级、职能的要求，将三种方案结合起来使用。

避开关键绩效考核指标设计的量化误区

定量指标体现的是财务类及经营性的成果，主要表现在当期或近期的企业成果，具有简单明了、约束力较强、较易实施、独立性较高等特点，但定量指标并非管理者考核的制胜法宝和必然选择，因为并非所有的指标都可以定量考核。现实中，企业在设计关键绩效考核指标时会出现以下四大误区。

1. 非量化不考核

有的企业管理者认为只有量化才能管理好，否则，再好的绩效评价也没有说服力，甚至这项工作就没有存在的价值。

其实，考核指标不能全部量化，其原因有以下两点：一是某些层面和方面不适合定量考核。管理者的控制协调水平、组织承诺、发展潜力、价值观等方面无法使用定量考核。这不利于总经理对下属做出全面认识，也不利于企业的可持续发展。二是某些职位不适用定量考核。对知识型员工或研发部经理进行考核时，因为产品开发周期长，并且有一定风险，不是每个开发的项目都一定能成功，而且项目被开发后在考核其效益的时候还涉及资源、生产、市场、销售等许多因素，因此不一定能完全用定量考核。

非量化的考核是一种定性考核，往往是针对员工的某些特性，通过管理者的观察与感受进行带有主观色彩的评价。这就需要把握非量化考核的标准。首先要认清考核的目的是什么？考核的结果会有哪些应用？同时，应在沟通的基础上把握好原则和各项定性指标的标准，正确认定员工的工作态度、工作积极性、责任心等。

2. 越精细越好

为了实现企业某一时期的发展目标，各职能部门都会利用自身较为擅长的专业技能和知识，精心设计出公司精细化的绩效考核指标体系，而企业作为一个整体的、系统的组织，要实现的长、中、短期目标是什么反而没人去关心。

真正精细化的绩效考核指标体系是服务于企业的长、中、短期目标的，在具体的指标之下，公司上下方向明确，凝聚力增强，都能够"正确"地做事。实施精细化管理，一定会进行绩效考核，适合企业特点的绩效考核是精细化管理的一个重要组成部分。

3. 财务指标成为关键考核

许多企业认为企业目标的实现与否，关键是看财务指标，财务目标实现了，企业目标基本上也就实现了。实际上，企业中的很多"事"，有的可以用财务数据来衡量，有的不能用财务数据来衡量。财务指标只能反映过去的结果，对企业的管理状况和发展则表现较少，并在很大程度上代表了股东的价值取向，偏重短期利益，容易忽视企业发展的最关键的决定要素——客户。

4. 考核指标应量化到部门

很多企业绩效考核指标设计的实践思路是在制定企业目标之后，便设计好指标体系，再根据部门职能分工，将指标分解落实到各个部门，最后将指标量化，作为考核部门绩效的标准。但在实际操作中，由于受多方面因素的影响，企业往往难以为每一个细节都制定清晰、有效、合理和科学的定量指标；同时，完全定量考核还可能使被考核者只重视量化工作而忽视对企业发展很重要但因无法量化暂不考核的工作。

其实，完整的企业绩效管理包含绩效沟通、绩效考核、绩效辅导、绩效改进等多个环节，单纯的绩效考核定量指标设计容易使被考核者将重点集中于被量化的指标方面，而管理者易忽视管理团队支持、培训教育、员工理解及反馈指导等更重要的事情，这样就不可能做好绩效管理工作。

总的来说，绩效考核需要做到可衡量，但可衡量并不代表一定要量化。面对那些难以量化的考核项目，不能搞一些形而上学的量化方法和量化指标，误导绩效考核量化观，滥用绩效考核量化法，可以通过工作流程化和细化的方式来做考核。所以，绩效考核绝不能为了考核而考核，考核指标的设计更不能陷入"量化"的误区。

第十章
文化创新：企业转型升级的根本动力

文化创新是企业转型升级的根本动力，没有文化创新，企业的转型升级就很难顺利启动和落实。为了支撑企业转型升级，企业的制度文化、人本文化、创新文化建设要在主动顺应转型趋势、整合内外资源、转变发展理念、构建新的营销模式、加强转型动力和打造核心软实力方面发挥引领驱动作用，为企业深化改革提供新的精神动力和动力支撑。

找准企业文化建设三大切入点，推动企业转型升级

企业文化是企业的灵魂所在，是企业最重要的无形资源。深化企业文化建设，需要抓住三大切入点，即强化问题意识、发扬优良传统、坚持与时俱进，为企业转型升级、健康发展提供强大的精神动力。

1. 充分认识企业文化建设中存在的问题

随着企业改革的逐步深入，企业的一些深层次问题和矛盾逐渐产生。企业文化方面映射出许多问题：有些企业管理制度滞后，业务流程有待优化；有些企业文化理念模糊，价值观践行不到位；有些企业对员工行为要求约束不严格，员工素质不能适应发展需要；有些企业缺少明显的企业文化标志，

文化氛围不够浓厚；等等。这些问题直接影响企业文化建设的深入推进，已经成为制约企业升级发展的一个瓶颈，必须尽早予以解决。

问题是改革的动力所在。要解决企业文化建设中存在的问题，首先要强化问题导向意识，在解决问题的过程中，要从企业文化建设中的精神、行为、制度、物质等方面存在的问题入手，倡导正确的价值观，培养良好的企业风气，建立良好的企业行为方式，纠正偏离企业文化发展模式的思想和行为。只有这样，才能引起全体员工的共鸣和反响，增强企业文化的实用价值。

2. 发扬优良传统，促进文化落地

企业的优良传统包括经营管理经验、好的风俗习惯和模范人物的先进事迹及领导人的良好的工作作风等，是推动企业发展的强大精神力量。随着社会主义市场经济的不断发展，员工中个别人对发扬优良传统的认识不够深刻，企业的体制机制与管理的方式等阻碍了优良传统的传承和发扬，这在一定程度上成为企业健康发展的"绊脚石"。

在企业文化建设过程中，必须重新总结宣传模范人物事迹、企业优良传统，并在实际工作中把这些闪光的东西传承下去，把优秀的企业精神和企业核心价值观融入企业管理体系，转化为与企业改革发展相适应的管理理念和成熟模式，促进文化落地，发挥应有效能。

3. 坚持与时俱进，推进创新文化建设

对于一个企业来说，无论实力多么雄厚，创新文化一旦停滞不前，就会失去发展动力和活力，成为强弩之末。因此，在当前形势下，企业应坚持不断创新、与时俱进。在传承创新优秀传统文化的基础上，要着重从培育良好作风和转变思想观念等方面，构建具有自身特色的创新文化，使企业始终焕发蓬勃生机。

强化问题意识、坚持与时俱进、发扬优良传统，以这三个切入点深入推

进企业文化建设，企业将顺利迈过"爬坡越坎"阶段，突破转型升级"拐点"一定会很快到来。

重视企业人本文化，增强企业凝聚力和员工归属感

企业文化的实质是以企业精神管理和企业的哲学为核心，形成员工归属感、发挥员工创造性和积极性的人本文化。企业人本文化是指企业在生产经营过程中，无论是物质创造，还是制度制定或是企业行为等活动都是以人为承载体而形成的文化观念。它要求企业为员工创造可持续发展的成长环境，营造独特的文化氛围和工作环境，形成强烈的凝聚力、向心力，使员工对企业产生强烈的归属感，进而影响企业日常的生产建设，提高企业的竞争力。

1. 企业重视人本文化的具体体现

美国心理学家马斯洛将人的需求分为五个层次，即生理需求、社交需求、安全需求、尊重需求和自我实现需求。员工工作的目的不仅仅在于赚钱生活，还有良好工作环境、和谐人际关系以及对自身价值的追求。因此，企业文化只有加强"以人为本"层面建设，才能让员工心情舒畅，将个人能力充分发挥出来，实现个人对价值的追求，为企业创造更多的成绩。如此看来，人本文化具体体现在以下几点，如表 10-1 所示。

表 10-1　　　　　　　　　重视企业人本文化的具体体现

事　项	内　容
言论自由	企业可以设立意见箱，赋与员工言论自由权，鼓励有意见的员工将意见投入意见箱或直接向上司反映；设立自己的期刊，用于宣传企业文化，表扬优秀员工

续　表

事　项	内　容
情感关怀	关心员工的情感，特别要关心女性员工及老员工。在老员工方面，要多关心他们的健康，完善他们的福利和保险制度（养老保险和医疗保险）；在女性员工方面，给她们提供孕期补助，给她们相对自由的工作时间，延长她们的产假等
提供机会	为员工提供均等的工作机会，大胆任用有能力的新员工，不看家庭背景，只要有能力，都有获得晋升的机会，给他们工作上的肯定；确立完善的授权机制，给优秀员工权力，让他们能不被束缚地做出成绩；给员工提供深造和培训的机会；对他们进行职业生涯规划，关心他们的成长
文娱活动	节假日组织员工出去游玩，与别的企业举行联谊活动，在公司内部设立文化中心、博览中心、活动中心、娱乐中心、影视中心、接待中心等，丰富员工的生活
纳言创新	人是企业的主体，要广纳意见、集思广益、鼓励创新。只有将员工的意见集合起来，才能更全面到位地收集到优秀的、有用的信息。所谓三个臭皮匠抵个诸葛亮，只有发挥全体的智慧，才能做出最好的决策。创新是在各种思想的碰撞下产生的，企业要充分发挥员工的能动性和主动性，鼓励创新
改善环境	工作环境对员工绩效的影响是巨大的。这里的工作环境不仅指地理环境，同时也包括人文环境。舒适的工作环境，会让员工提高工作效率，从而有利于自身潜能的发挥；混杂或不适的工作环境，会让员工效率低下，不利于潜能的发挥。员工处于充满活力与创造力、彼此之间相互激励与促进的团队中，个人绩效也会高；相反，处于相互猜疑与妒忌、安于现状、彼此之间不提供任何帮助的团队中，个人绩效肯定会低

2. 建设企业人本文化的基本原则

　　人本文化的主体是人，每一位员工都是整个企业文化建设链条中的一个环节，他们的群体行为决定着企业整体的文明程度和精神风貌。因此，加强企业文化建设首先要遵循以下基本原则。如表 10 - 2 所示。

表 10－2　　　　　　　　　企业人本文化建设三项基本原则

序　号	内　容
1	尊重员工在企业文化建设中的主体地位，发挥员工的首创精神，在培育和形成先进企业文化的过程中，保证员工充分参与，发扬民主，使先进企业文化的细节和内容得到丰富
2	尊重员工在企业文化实践中的主体地位，通过广泛深入的宣传，使企业精神、企业价值观在员工身上得到充分体现，使企业文化转化为员工的自觉行动
3	重视对员工进行企业精神、企业价值观和企业理念的塑造和思想熏陶，增强员工对企业文化理念的认同度，使企业文化理念渗透到员工的心灵深处，由感性理解升华为理性认识

3. 建设企业人本文化的方式方法

建设企业人本文化，首先应该做好准备工作。第一，高层管理者提高人本文化意识。领导者既是企业文化的塑造者，又是企业文化的设计师，同时也是企业文化的实践者、传播者；他们的积极倡导和身体力行是确定、形成先进企业文化的重要推动力量。因此只有领导层充分认识人本文化的重要性，并加大力度贯彻实施才能真正建立起企业的人本文化。否则企业文化的建立将只是一纸空文，得不到真正的实施。第二，传达企业文化。要将高层管理者的思想传达下去，让员工认识到企业文化，真正把人本文化深入到底层员工，增强员工的企业文化意识，增强他们对企业的归属感，让他们形成主人翁精神，然后将企业文化一代一代地传承下去，成为企业的无形资产。

建设企业人本文化，文化宣传工作必不可少。企业文化不被企业上下所知，所建立的文化也只是一纸空文。人本文化宣传工作可以采取以下方式：第一，召开各种会议。先开管理层会议将工作落实到管理层，再开部门会议将工作下达给员工；第二，编制企业的文化说明书。在说明书中，要将人本文化的内涵及工作中的注意事项完整地列出来；第三，设立宣传栏。在宣传栏上展示企业文化、描述其特征，提供典型案例、标志性事件与代表性人物品格、思想；第四，人本文化培训。在对新员工进行入职培训的同时，也要进行人本文化培训，培训中要树立员工的主人翁精神，为了增强他们对企业的归属感和依赖感，要让他们认识到自己是企业的一员，企业关心他们的成长、重视他们。

建设企业制度文化，协调和规范员工的行为

制度是通过权利与义务来规范主体行为和调整主体间关系的规则体系；文化是历史创造的一切，无论是精神产品还是物质产品均可视为文化。企业的制度与文化的结合便产生了企业制度文化。企业制度文化是指，企业在长期生产、管理和经营实践中生成和发育起来的，以提高企业经济效益为目的，以企业规章制度为载体，约束员工和企业行为的规范性文化。科学的企业制度文化能够规范员工行为，确保各项工作有章可循，从根本上解决企业经营中的不协调、不统一的问题。

1. 建设企业制度文化的基本原则

建设企业制度文化需要遵循七个基本原则，如表 10 – 3 所示。

表 10 – 3　　　　　　　　建设企业制度文化的基本原则

原　则	内　容
文化服从战略	企业制度文化建设必须服从企业战略和实践，要制定切实可行而又科学严格的管理制度体系，建立健全激励约束监督机制，构建优秀的企业文化，使企业文化真正为企业战略服务，推动企业的科学管理
刚柔相济	制度的刚性是维持其有效性、严肃性的基础，制度设计应力求严格，保证有足够的刚性，这是制度科学化的重要体现。但为了应对环境变化，保持制度的有效性，制度设计又应具有一定的弹性和灵活性，这是制度生命力的凸显

续 表

原 则	内 容
激励与约束紧密结合	企业制度应对企业的各方面各环节进行提高管理效益，有效的控制，又要以人为本，充分发挥员工的创造性与积极性，实现个人与企业的共同发展
简明实用	制度中的文字及流程简洁明晰是文化建设的有效保证，应以规范工作流程为切入点强化管理。复杂化是文化建设的大忌。简洁、清晰、实用、有效是判定企业文化优劣的重要标准，具备这种特征的文化才有利于执行，才能达到预期的效果
循序渐进与创新发展	企业制度文化建设必须从战略的高度统筹规划，按步骤、分阶段、有重点地实施与推进；必须注重质量、坚持创新，不断赋予制度文化新内涵，并将它落实到实处，体现在实际工作中，变成推动企业发展壮大的动力之源
系统优化	加强营销、物流、财务、人力资源等系统内部及系统间的制度衔接，形成统一、协调、高效、通畅运转的管理制度体系
一般与特殊相结合	制度文化建设既要各具特色又要统一思想，制度文化设计既要遵循文化建设的共性原理，又要坚持行业特征和企业个性，以确保其旺盛的生命力

2. 企业制度文化建设的对策与措施

企业制度文化是企业文化的一种外在表现形式，是企业文化的重要组成部分。建设制度文化，应该在企业文化系统建设基础下强调制度的执行、调整与完善，确保制度的可行性、科学性和有效性，构建科学的、系统的、完善的、人性化的制度文化。

一是建立高效益的企业领导体制。企业领导体制是企业的领导方式、领导结构、领导制度的总称。在这个体制中，企业领导方式是重要的影响因素，基础是起保障和支撑作用的企业领导结构，核心是受文化和生产力双重制约的企业领导制度，三者既成体系又相互作用、相互影响，共同打造企业领导体制。具体内容如表 10 – 4 所示。

表 10 – 4 建立高效益企业领导体制的方法

方 法	操作要领
优选与改善企业领导方式	企业领导方式是指，企业领导从事领导工作所采用的各种方式方法的总称。它与领导者的素质紧密相关，二者共同决定着企业制度的员工凝聚力大小与完善程度。一般应在深刻了解企业领导方式类型的基础上，根据员工状况、价值取向、工作任务情况和环境变化等因素，坚持及时转换、集权慎重、综合使用等原则，选择合适、有效的领导方式，同时通过提高领导者能力素质，培养他们的远见卓识，运用整合、创新来改善领导方式
优化企业领导结构	因企业具体情况不同，企业领导结构的优化标准并无固定的模式。企业领导结构是随企业战略、环境条件、管理文化、技术及员工素质的变化而变化的动态组合。因此，我们应遵循整体效益原则、动态变更原则、功能互补原则、分工协作原则等来对领导的专业、智能、知识、性格结构以及观点、信念结构等进行重构与优化，规范与完善企业法人治理结构，形成搭配合理、配合默契的高效领导集体
革新企业领导制度	对于企业领导制度革新，可采取以下几个措施：一是改革与创新企业产权制度，建立与完善企业家优先、淘汰、使用等制度。政府与社会应建立完善的企业家人才市场，完善企业家供求机制，为企业选择优秀企业家提供良好的环境条件；企业应结合现实情况建立经营者的选拔、使用、淘汰制度，构建与完善目标管理体系、领导组织体制和考核考评制度体系。二是建立健全长短期激励相结合、物质奖励和精神激励相结合、直接间接激励相结合的企业激励机制，充分发挥经理的关键作用，全面履行企业的责任。三是构建科学有效的监督约束机制。构建全员参与监督的内部监督，强化外部监管，建立健全企业监督约束机制，但不可忽视或否定党组织的核心地位。

二是打造运行良好的企业组织结构。企业组织结构是基于一定的企业领导体制，为了有效地实现企业目标而建立的企业内部各组成部分及其相互关系。影响企业组织机构的因素不仅有企业领导体制，还包括企业文化环境、规模、战略、技术、人力资源、制度类型等。具体措施如表 10 – 5 所示。

表 10 – 5　　　　　　　　打造运行良好企业组织结构的措施

措　施	实施方法
选择合适的组织结构	应该了解企业组织结构建设的前提条件与关键，全面深刻地掌握企业的结构模式理论。在组织结构选择时，应把握三个"基本前提"（战略一致、环境适应、流程导向），明确三个"基本关键"（职权关系、员工素质、成本效率），对影响企业结构的环境因素、规模、战略、技术、制度类型进行深入分析，弄清各种组织结构模式的特点与适用条件
构建高效的组织结构	首先，构建符合企业实际要求，高效运转，具有扁平化、柔性化、网络化、边界模糊化、虚拟化、多元化等优点的企业组织结构。其次，坚持任务目标原则、顾客导向原则、知识共享导向原则、人本原则、综合匹配原则、文化导向原则、关键业务原则等，根据企业规模、生产经营情况和管理职能特点以及科学的结构原理，构建适合企业内外环境要求、整合了各种结构理论又能促进企业与社会进步的高效组织结构，随环境条件的变化而调整与创新。
不断优化企业结构	企业结构是包括年龄、性格、能力、专业、知识结构及观点、信念结构在内的各种结构因素的有机融合，可根据能力、素质和比较优势进行合理搭配，运用优势互补、以人为本、分工协作、任务目标、集权分权结合、执行监督分设、稳定性与灵活性等原则进行结构调整或重构，使之成为托起企业现在与未来的强大支撑

　　三是构建科学的企业管理制度。企业管理制度是基于企业领导体制和企业组织机构，为求得最大效益，在生产经营管理实践活动中制定的各种带有强制性义务，并能保障一定权利的各项条例或规定。大致包括企业规程、民主管理制度、管理工作制度、责任制度、考核奖惩制度等规章制度。要想构建科学的企业管理制度，不仅要搞好企业精神文化、行为文化和物质文化建设，还必须做好以下几方面的工作。如表 10 – 6 所示。

表 10 - 6　　　　　　　　构建科学企业管理制度的途径与方法

途径与方法	实施内容
全面审视企业管理制度	结合企业实际，根据企业战略和社会发展要求，检查企业制度中有哪些方面与企业倡导的企业精神、企业价值观相抵触，找到制度中存在缺陷的原因，如制度不被执行的原因大致有：制度违461处罚太轻，违461成本太低；指导制度建立的价值观不正确或制度没有完全反映价值观的要求；制度本身存在缺陷或不适宜等。总之，必须根据业已形成的价值观去全面审视各项管理制度，既保持企业核心价值观的相对稳定性，又能在实操中体现和落实不断创新的制度
构建出科学、完整、先进的企业管理制度体系	管理制度应具备战略支持性、整体效率性、完整配套性、合约均衡性、环境协调性等特点，应成为引导、调整企业内外关系、规范企业行为的重要武器。如企业民主制度的建设，除了明确企业民主的内涵外，还要做好三件事：培养自觉的民主参与意识；社会与企业应营造良好的民主氛围；通过健全制度保障这种参与意识不受侵犯。又如可通过采取克服惰性、鞭策后进、激励上进、提高制度的针对性和可行性的措施来建立严格的考核奖惩制度与科学的激励约束机制，实现激励效果最大化。总之，应根据企业实际情况、企业制度审视结果以及发展需要分门别类地构建出科学、先进、完整、人性化的企业管理制度体系
建立健全制度实施机制	制度执行方面的普适性原则是制度充分有效的前提，组织中任何人都要受到制度的约束。违背普适性原则的行为主要表现在制度对高层管理者无效及他们对下属不执行制度表现出极大的宽容。从理论上讲，制度不被执行可能是因为制度本身的局限（如缺乏公正），存在的选择性与规定性、变化性与稳定性的矛盾引起的；但从某种意义上说，制度的严格执行比制度更为重要，有制度不执行表明管理者的能力不足，对员工来说，能力不及造成的失误容易理解，而态度不端正则无法谅解
搞好管理制度的实施	即使建立了良好的管理制度，而要健全制度运行机制，必须使制度执行具有普适性，如果没有健全的制度运行机制，同样不会产生良好的运行效果。在制度运行实践中，违背制度普适性原则的情况时有发生，具体表现制度执行偏差或失效，无法实现公正公平。制度没有被很好地执行有可能是制度本身问题，但最重要的原因是制度的运行机制不健全，一个好而难以执行的制度会失去其存在的意义

途径与方法	实施内容
建立与完善制度评估机制	对制度的好坏进行评估以及建立与完善评估机制是非常重要的。制度评估机制必须根据制度的执行情况做出及时的评判，准确的确定制度的违约成本，对于制度的缺陷给出正确的结论，防止制度与价值观或理念脱钩、制度变化过于频繁等问题，甄别各种制度，改善制度运行效果
实现制度创新	制度创新是包括对决策制度、管理制度、产权制度、责任制度、考核奖惩制度等在内的一切规章制度的创新。因为制度一旦制定出来不是一劳永逸的，根据企业战略、内外环境的变化，社会与企业发展需要，运用先进的科学理论（包括创新理论），对制度不断进行建设、提高、调整与创新，构建出具有针对性、动态性、适应性、前瞻性的科学制度体系

培育企业创新文化，发掘企业自身优势与核心竞争力

企业创新文化，是指在一定的社会历史条件下，企业在创新及创新管理活动中所创造和形成的具有本企业特色的创新物质形态以及创新精神财富的综合，包括创新准则、创新价值观、创新制度和规范、创新物质文化环境等。这是一种培育创新的文化，能够唤起不可估计的热情、能量、主动性和责任感，来帮助企业提高自身优势与核心竞争力。

1. 企业创新文化的发展对策

创新文化的建设不是一蹴而就的，而是一个动态演化的过程。在"不创新，就灭亡"的当今社会，发展企业创新文化，可以采取以下对策，如表10-7所示。

2. 培育企业创新文化十大策略

有创造力的员工是一个企业创新活动的重要组成部分，但他们常常需要激励和

表 10－7 发展我国企业创新文化的对策

事项	内容与措施
树立创新意识	树立全员创新的创新意识，让人们普遍意识到创新的重要性，从习俗观念上去习惯创新、去解放思想从而增强创新意识，促进企业创新文化的发展
加大宣传力度	理论研究方面给予一定的政策倾斜，加强创新文化的宣传，吸引专业人士从事这方面的研究，加速其理论框架的成熟
积极鼓励创新	从全社会角度着手，鼓励向权威挑战、向成熟理论质疑，形成追求创新、打破传统思维定式、激发灵感，鼓励创新，营造以创新为荣的社会环境，激励企业创新文化的发展
注重创新人才	注重创新人才的吸引、运用、培养、激励，发挥他们的创新潜力，为企业和社会的创新服务，以营造企业创新文化
创新筹资渠道	积极拓宽筹资渠道，从国家、政府、企业、个人、风险投资基金等多渠道进行创新和创新文化的资金筹集，促进创新的发展，解决创新发展的经费问题，加速企业创新文化的形成

机会才能最大限度地发挥创造潜力。企业应该从战略角度思考如何聘用、激励和留住这些员工，一个有效的方式就是培育一种创新文化。下面是企业培育创新文化的十大策略，如表 10－8 所示。

表 10－8 企业培育创新文化的策略

策略	实施要领
思想多元	保持工作场所的多元化对于产生大量独创想法来说至关重要。那些跨国公司之所以在多元化方面具有优势，是因为他们能够从来自世界各地的员工那里获得各种各样的想法。要想产生有创意的想法，很重要的一点就是从数量开始而不是从质量开始
公开交流	好的想法往往来自那些在一线工作、每天都和顾客打交道的员工。据说维珍集团的每一个员工都能和老板理查德·布兰森直接沟通，讨论新的想法。给所有层次的员工创造机会，倾听他们为新产品或服务提出的自己的想法
创造技能和知识	创造力是一种可以学会的能力。虽然一些员工天生就比其他人有创造力，但是每个员工都应接受开发创造力的培训。公司必须要有正式的员工学习和发展项目，发展个人和组织的创造力

策　略	实施要领
工作环境激励	办公室的设计应该在激发创造力和增进交流方面起到一定的作用。有一个趋势是设立咖啡厅、游戏室或共同工作区来促进日常的合作。有创意的想法更有可能在一个更加随意的环境里、在与员工的交往过程中产生出来，而不是在董事会的会议上产生出来
信息分享和管理	"知识就是力量。"共享信息的另一个大好处是让员工自己来承担责任。在公司内部共享信息和知识，员工就能够用更为全面的方法来解决问题而不是就事论事
支持冒险	在逃避风险的氛围中工作的员工不可能创造出突破性的产品或服务，因此企业必须创造一种氛围，让员工能够挑战传统的办事方法
容忍失败	期待员工每次尝试都能成功的想法是幼稚的，企业必须营造一种氛围，即不用担心创意想法失败后会受惩罚甚至被解雇。多多练习，创造力才能越来越强
合作与团队工作	组建一个由来自各职能部门的员工组成的小组，才能确保创意的均衡。因此每一名员工都应该接受培训，明白如何成为一个有用的小组成员
奖励创新	成功提出创意的员工必须得到承认和奖赏，物质奖励可以以奖金、升职或股票等形式呈现
注重行动	企业的领导风格必须是锐意进取而不是打官腔，这有助于迅速决策

　　每个人都具有一定的创新潜力，企业必须开发员工个人和企业整体的创造能量。只有这样，才能培育出一种创新文化，确保企业可持续发展。

资本重构与升级

第十一章
价值重构：企业资本运营的终极目的

成功的资本运营既需要企业具备资本运营的基本条件，也需要企业家具备正确的资本运营观念。围绕这两个基本点，本章讨论了四个主题：企业的经营目标应该是股东价值最大化；治理结构、管理团队和商业模式是企业资本运营的三大支柱；企业要选择适合自身发展的资本运营路径；公司上市前资本运营的五种途径与方法。

股东利益就是企业利益：企业的经营
目标应该是股东价值最大化

股东价值最大化是指，通过企业的合理经营，在考虑货币时间价值和风险报酬的情况下，使企业的净资产价值达到最高，从而使所有者的收益达到最大。

1. 为什么说企业的经营目标应该是股东价值最大化

企业经营目标应该是"股东价值最大化"，因为股东价值最大化考虑了货币的时间价值和投资的风险价值，有利于克服公司的短期行为；其反映了公司资产保值增值的要求，有助于形成整个企业的共同语言和专一奋斗目标。

从投资资本收益率来衡量企业绩效，就要考虑到企业的竞争格局、竞争地位和商业模式，它是一个综合性很强的财务指标，直接反映了企业所处的核心竞争力、行业以及企业自身营运管控能力的高低。例如两个不同的企业，在一个财务年度内都产生了 1000 万元的税后净利润，如果不考虑股东的投入资本，我们很难衡量两个公司管理者的经营绩效谁优谁劣。但如果把股东的投入资本考虑进去，第一个企业投资了 2000 万元，而第二个企业则投资了 5000 万元，前者的利润率是 50%，而后者的利润率只有 20%，那么两者的投资资本收益率显然存在巨大差异。从这个事例中可以得出一个非常重要的结论，即"企业的高利润率并不等于高投资资本收益率"。企业是股东的，股东承担了企业最大的风险，所以衡量企业是否经营得好，"股东价值最大化"是基本的尺度。

2. 股东价值最大化的内容

股东价值最大化是，通过股权价值的增加为股东创造出更大的财富。股权价值的增加是基于它能给所有者带来预期报酬的增加，包括出售股权时的预期资本收益增加和持有期间的预期股利收入增加。其中，预期资本收益增加取决于股份流动性的增强；预期股利收入增加取决于每股预期盈余的增加、股利分配政策的调整以及明确的取得时间预期。

因此，要实现股东价值最大化的目标，必须在维持、发展现有经济效益、生产经营规模的基础上，充分发挥协同效应，进行有效的财务整合，进一步提升每股盈余；进行有效的资金管理，增强企业投资能力和发展后劲，提升股东预期收益；进行股本架构的调整，借助有效的资本市场，增强股份的流动性，提升股份的流动性溢价；制定合理的股利分配政策、综合的税务筹划，降低股东收益的综合税收成本。

资本运营三大支柱：治理结构、管理团队和商业模式

从事资本运营必须具备三大支柱：治理结构、管理团队和商业模式。治理结构是资本运营成功的基础，管理团队是资本运营成功的保障，商业模式是资本运营成功的关键。

1. 规范的治理结构是资本运营成功的前提

良好的公司治理结构是资本运营成功的必要条件。公司治理结构主要是为了构建公司三种机制以解决三个问题：一是构建公司监督约束机制，解决监督约束的有效性问题；二是构建公司的决策机制，解决决策的科学性问题；三是构建公司的激励机制，解决激励机制的高效性问题。良好的公司治理是公司管理健康运行的前提和基础。

PE（私募股权投资基金）和 VC（风险投资）作为外部财务投资者，除了按照一般的公司法和相关的法律要求公司达到相应标准外，还需要有一些特殊的制度安排。以下是投资者为了降低和控制投资风险所常用的工具，这些在成熟的投资交易中都是常用的。如表 11-1 所示。

表 11-1　　　　　　　公司规范治理中 VC 和 PE 的制度安排

事　项	实施要领
重构公司董事会	投资者要求创业公司在公司决策机制上做出重大调整。投资者可能并不按照投资比例派遣董事，但在公司一些重大战略问题上拥有一票否决权。例如，CEO 等高层管理者的变动和调整，所投资资金用途的改变等
健全监督约束机制	投资者可能会要求公司引进必要的管控工具对公司高管团队进行监督约束，从而真正发挥董事会对管理层的监督约束作用，尽最大可能降低公司治理成本

续　表

事　项	实施要领
健全激励机制	投资者可能会与创业团队签订《股份调整协议》，即《对赌协议》，要求创业团队在既定的时间内达到约定的绩效，否则，投资股份需按约定条款进行调整

2. 高效的管理团队是资本运营成功的保障

投资家常说，一流的团队能做好二流的项目，二流的团队会做坏一流的项目。投资者投资一个项目会考虑很多因素，如企业所处的行业、企业的商业模式、成长性等。吸引投资者的第一要素，是高效的团队。实践中，有了好的团队，才能找到好的项目，没有好的团队则很难找到好项目。衡量一个团队是否高效，要从四个方面进行综合考评。如表 11 - 2 所示。

表 11 - 2　　　　　　　公司资本运营管理团队综合考评指标

指　标	含　义
团队是否有统一的价值观	一个强有力的团队一定要有共同的文化观与价值观，对团队所从事的事业有崇高的使命感和高度的认同感。这种价值观不能仅从企业的财务目标来考量，大家必须认可企业所从事的一项事业，而不仅仅是为了赚钱
制度是否是团队的行为准则	在创业企业中，员工的行为应该由企业制度来规范与引领。一开始是创始人的人格魅力引领企业的发展，但企业发展到一定规模的时候，这种仅仅依靠"人治"的管理方式必须让位于"法制"的管理方式。世界企业发展实践证明，有制度的企业才真正具有可持续发展的基础
团队的知识和专业结构是否合理	这是指企业是否拥有企业营销、财务、营运和技术等各个方面的高级管理人才。企业的高级管理团队要避免同质化，在知识和专业结构上要形成互补关系
团队是否具有丰富的经验	高效团队一定是各个方面经验丰富的团队。这种经验在处理企业危机、企业业务处于低潮、创新市场出现时把握市场机会显得尤为重要

3. 独特的商业模式是资本运营成功的关键

商业模式是私募股权投资基金或吸引风险投资的关键要素，因为它决定了企业的投资价值。企业构建独特的商业模式，需要"创新"精神，需要对商业模式的内涵准确把握。构建独特商业模式是企业"创新"的重要表现形式，在当今快速变化的商业竞争环境中，不仅要突破"科学技术是第一生产力"的意识范畴，更应该把"创新"理解为重构企业各种生产要素的关键。美国经济学家熊彼特对"创新"的理解，对企业家具有重要借鉴意义。他认为，"创新"就是把生产要素和生产条件的新组合引入生产体系，即"建立一种新的生产函数"，它包括以下五个方面：引进新产品；引进新技术，新的生产方式；开辟新市场；控制原材料的新供应来源；实现企业的新组织。

构建企业独特的商业模式，需要从以下几个方面着手。如表 11 - 3 所示。

表 11 - 3　　　　　　　公司资本运营过程中商业模式的构建

事　项	实施要领
认清行业的本质	行业的本质决定了企业赚钱的方式，把握行业的最基本发展规律，也就为商业模式的创新奠定了基础。行业的本质也就是该行业最基本的发展规律。例如，分众传媒就是认清了行业本质，从而构建起独特商业模式，并在此基础上成功进行资本运作而在较短时间做大做强的企业典范。分众的行业本质就是"分"和"无聊"，也就是将一般消费者与高消费者"分"离开来，充分利用他们的"无聊"时间，让他们看广告。
细分市场，找到"利基"市场	熊彼特所说的"开辟新市场"，其实质是找到"蓝海"，避开与现有市场竞争对手的争夺。当然，新的市场的出现，也有可能是由技术推动的。例如，现代信息技术的出现，使网络成为传媒业的新宠，从而创造出一个巨大的传媒新市场
分解行业价值链，寻找竞争优势	独特的商业模式不是找价值链中最高的利润节点，而是要找到与企业核心竞争力相匹配的价值节点，从而构建起与竞争对手不同的商业模式。一个行业由不同的利润节点构成行业的价值链

路径选择：企业要选择适合自身发展的资本运营路径

企业要选择适合自身发展的资本运营路径，至少要考虑以下四个因素：企业所处的发展阶段；融资的成本；融资项目的资产特性；企业的资本结构。下面我们来一一分析。

1. 企业所处的发展阶段

企业所处的发展阶段不同，其选择的资本运营路径也不同。在企业的发展初期，由于可供抵押担保的资产很少，企业的市场、团队等面临的不确定性因素较大，从而投资风险较大，这个时候用债务融资工具成功的可能性不大，因为债务投资人是希望获得企业稳定的现金流量，比较合适的路径是选择股权投资人，并且最好是找那些正规的 VC 机构或 PE。

同时，对不同的 VC 或 PE 也要有所选择，因为不同的 VC 或 PE 都有自己的投资定位，包括投资的行业、投资的阶段、投资的规模，以及对团队的要求等。一般来说，对于股权融资，企业的资本运营路径依次是 VC、PE、IPO（首次公开募股）融资、后续股权融资、可转换债券，最后通过兼并、收购对行业资源进行整合。

2. 融资项目的资产特性

如果是针对企业特定的资产和项目，则可以用应收账款融资、存货融资、项目融资、票据贴现、资产典当融资、资产证券化等金融工具。这是针对企业资产负债的融资，对于那些有相当资产规模的大中型企业来说，这些金融工具尤为重要，业已成为金融创新的主流。对于投资者而言，这些金融工具是为了获得资产的局部现金流量和企业特定项目；建立在企业整体现金流上的金融工具主要有贷款、优先股、债券、可转换证券、私募股权融资、公开发行股票。其中，贷款、债券和优先股是投资者为获取企业固定现金流的金融工具，而可转换证券、私募股权融资，以及公开发行股票是投资者为了获取企业剩余现金流的金融工具。

3. 融资的成本

不同的融资工具其成本也不同。一般来说，成本由低到高的金融工具依次是：抵押担保贷款、IPO 融资、VC 或 PE 融资结构性融资。当然，在既可以内部融资，也可以外部股权和债务融资的前提下，要遵循一定的选择顺序，即先内部融资，然后是债务融资，最后才是股权融资。

当然，在考虑融资成本的时候，还要把融资的时间成本考虑进去。就公司 IPO 融资而言，企业在不同的证券交易所上市，需要的时间是不一样的。

4. 企业的资本结构

资本结构是指企业股权与债权的比重。对于不同企业，企业处在不同的发展阶段，股权与债务应该有一个合理的比例，也就是企业需要一个恰当的资本结构。债务过多，企业就会面临很大的破产风险；如果企业债务很少，大部分是股权，说明公司资源没有得到充分利用。

投资实践中经常会听到两种声音：一种说"我们公司没有一分钱的债"，另外一种说"我们公司几乎全是用银行的资金发展起来的"。这两种情况都走了极端，都是不正确的金融观。在进行融资的时候，为了规避企业的财务风险就要考虑一个科学、合理的资本结构。

资本玩法：公司上市前资本运营的五种途径与方法

资本运作是实现企业跨越式发展的重要途径。企业上市前进行资本运作，通常有两个目的：一是扩张企业，二是成为上市公司的控股人。不管是否上市，都应该在这方面下点功夫。那么，企业上市前的资本运作都有哪些呢？在此分享五种资本运营的途径与方法。

1. 并购重组

如今，并购和兼并重组已经成为企业界的聚焦点，为什么会这样？从企业层面来看，中国在工商局注册的企业急剧增加，行业和产业的集中度非常低，产能越来越严重过剩，后果就是产品越来越趋于同质化。从趋势上看，未来中国企业的数量会大幅减少，激烈竞争的结果会直接提高产业和行业的集中度。

在上述因素影响下，作为中小企业，要想自己迅速发展变得越来越困难，尤其当生产的产品与大企业生产的没有太大差异的时候，选择投奔大企业是最好的生存方式。而对于大企业而言，通过兼并中小企业可以迅速地进入自己想进入的行业和领域。企业间的并购和兼并重组可以确保不会造成大量的失业，同时可以大幅减少企业的数量，提高行业集中度，进一步加强企业的竞争力。

2. 股权投资

股权投资已经成为了家喻户晓的"投资代名词"，而要做好股权投资，应注意以下三点：第一，认购正规一级市场产品，要选择正规渠道。作为投资者一定要擦亮眼睛，找到"一行三会"监管下的正规金融机构来咨询产品是防止受骗的第一招。第二，正视投资风险，确定自己属于合格投资者。要想成为真正合格的股权投资者，不仅要具备足够的风险承受能力，还要放弃资金的中短期流动性。第三，选择最适合自己的投资方式，使投资回报率最大化。对于投资者来说，无论投资哪一类股权产品，都要选择最适合自己的投资方式，专业的投资过程可完全交予专业的投资管理人，相信他们能帮企业挖掘到最具备投资价值潜力的黑马。

3. 以债权换股权

以债权换股权，是解决企业债务问题的一种思路，具体方式是对并购企业负债无力偿还的不良债权作为对该企业的投资转换为股权，如有需要，还可进一步追加投资以控股。

4. 资产置换

资产置换被认为是各类资产重组方式中效果最快、最明显的一种方式，经常被加以使用。企业可根据未来发展战略，用对自己未来发展用处不大的资产来置换未来发展所需的资产，从而实现企业产权结构的实质性变化。上市公司资产置换行为非常普遍。资产置换后，公司的产业结构将得以调整，资产状况将得以改善。

5. 战略联盟

战略联盟是指由两个或两个以上有着对等实力的企业，为了达到共同使用资源、共同拥有市场等战略目标，通过各种契约而结成的风险共担、优势相长、要素双向或多向流动的松散型网络组织。其成功的四大关键在于：选择合适对象；订立联盟策略；建立联盟结构与管理制度；订立终止联盟计划。

第十二章
股权激励：企业转型升级的第一生产力

股权激励是企业转型升级的第一生产力。企业家如能掌握并灵活运用股权激励方法，便可以在企业商战中多掌握一项"排兵布阵"的有效工具。作为企业运作工具之一，股权激励及其相关工具如果运用得当，可以演变出多种有效方式，运用于不同企业的实践中。为此，本章案例剖析了股权激励常用的四种模式，介绍股权激励之"五步连贯法"的基本原理与设计，并详细解析股权激励方案成功实施的步骤。

单选还是组合：股权激励常用四种模式的案例剖析

有股权就有资本。那么，不同类型、不同阶段的企业又如何设计自己的股权激励方案呢？下面我们通过案例来剖析股权激励常用的四种模式。

1. 股票期权——高科技公司

某高科技公司预计在境外上市，当时公司处于发展时期，面临着现金比较紧张的问题，公司拿出的现金奖励很少，几个月没有发放奖金，人才流失已经成为不可避免的趋势。在这样的背景下，该公司借助咨询公司的帮助设计了一套面向公司所有员工实施的股票期权计划。

股票期权计划的主要内容：一是授予对象。这次股票期权计划首次授权的对象为2008年6月30日前入职满一年的员工。二是授予价格。首次授予期权的行权价格为0.1元，被激励员工在行权时只是象征性出资，以后每年授予的价格根据参照每股资产净值确定。三是授予数量。拟订股票期权发行最大限额为200万股，首次发行75万股。期权的授予数额根据公司相关分配方案进行，每年可授予一次。首次授予数额不高于最大限额的50%；第二年授予数额不高于最大限额的30%；第三年授予数额不高于最大限额的20%。四是行权条件。员工获授期权满一年进入行权期，每年的行权许可比例是：第一年可行权授予总额的25%，以后每年最多可行权授予总额的25%。公司在上市前，暂不能变现出售股票，但员工可在公司股票拟上市而未上市期间内保留或积累期权的行权额度，待公司股票上市之后，即可以变现出售。如果公司3年之后不上市，则要求变现的股票由公司按照行权时的出资额加上以银行贷款利率计算的利息回购。

案例分析：

第一，激励模式。这是一家典型的高科技企业，公司的成长性较好，最适合高科技企业的股权激励模式就是股票期权。由于该公司是境外注册准备境外上市，没有国内上市公司实施股票期权计划存在的障碍，因此选择采用股票期权计划是很合适的。

第二，激励对象。对高科技企业而言，人才是根本。该公司员工90%以上具有大学本科以上学历，其中30%具有硕士以上学位。因此以全体员工为激励对象是一个明智之举。将员工的长远利益和公司的长远利益有机地结合在一起，有助于公司凝聚和吸引优秀人才，公司长期发展也就有了核心动力。

第三，激励作用。该方案的激励作用来自公司境外上市后的股价升值和行权后在不兑现的情况下持有公司股票享有的所有权利，激励力度比较大，但由于周期较长，对于更需要现金收入的员工来说，这种方式较难起到激励效果。

2. 员工持股——院所下属企业

某科研院所下属企业于 2000 年由研究所出资成立，是一个以冶金及重型机械行业非标设备设计成套及技术贸易为主业的科技型企业，目前在编人员 80% 以上为具有中高级职称的工程技术人员。公司成立以来，国家没有实质性投入，只是投入品牌和少量资金；通过员工与管理层的不懈努力，公司资产飞速增值。为了解决员工的创业贡献与公司目前股权结构不相符的问题，公司决定进行股份制改造。公司先请某机构设计了一份股份制改造方案。该方案采取资本存量改造的思路设计，但未能解决无形资产估价问题，最终被上级主管部门否决。之后，该公司邀请咨询公司重新设计股份制改造方案。咨询公司力求多赢，依据存量不动、增量改制的思路重新设计股份制改造方案。在新方案中，公司的注册资本拟由原来 50 万元增加至人民币 500 万元；在增资扩股中引入员工持股计划，即其中 40% 的股份将通过实施员工持股计划由员工和高管层持有，另 60% 的股份仍由研究所持有。该方案已获上级主管部门批准，目前激励效果初步显现。

员工持股计划的主要内容：一是授予对象。包括公司董事在内的所有在职员工。二是持股形式。员工持股计划拟在三年内完成，由公司担保从银行贷款给员工持股会，其中的 10% 由员工直接出资购买，员工持股会购买本公司 40% 的股份后再分配给员工，另外 30% 由日后每年公司分红归还本息。然后根据当年归还本息的数额按照员工的持股比例将股份再转给员工。三是授予数量。员工持股会的股份分配在全员范围内分三层次进行：第一层次为核心层（董事、总经理），其中最高 2044 万股，最低 1326 万股，占员工持股会持股总数的 50%；第二层次为技术骨干层，主要为工龄较长且具有高级职称者，包括重要部门的部门经理，占员工持股会持股总数30%，其中最高975万股，最低742万股；第三层次为员工层，包括工龄较短或具有中级职称的部门经理、各部门业务员，占员工持股会持股总数的20%，其中最高448万股，最低63万股。

案例分析：

第一，激励模式。公司原先规模较小，且属国有研究所下属的科技型全资子公司，职工多数为中高级职称的技术人员且有三十人左右，因此在增资扩股中引入员工持股计划比较适合。一方面，可以解决增资扩股的部分资金来源问题；另一方面，可以让员工分享公司的成长价值，以未来公司的利润转化为员工的股份，有利于形成长期激励机制。

第二，激励作用。公司在职员工拥有公司股权，能够参与企业利润的分享，利于形成一种以"利益共享"为基础的企业文化，有助于增强企业对员工的凝聚力，还有一定的福利作用，体现了国有资产控股公司的特征。

3. 干股＋实股＋期权——民营科技企业

某民营科技企业由三个自然人出资成立，公司发展迅速，年销售额增长率达到500%。在几年高速发展过程中，公司引进了大量的技术优秀人才，还建立了一套工资、奖金收入分配体系。为了适应公司的发展和战略规划，构建和巩固企业的核心团队，需要重新界定和确认企业的产权关系。该公司实施股权激励的目的不是单纯地分配企业目前的财富，而是为了使核心骨干人员和公司创业者共享公司的成长收益，增强公司股权结构的包容性，使核心团队更好地为企业发展出力，使团队更具效率和凝集力。最终设计了一套干股＋实股＋股份期权的多层次长期激励计划。

干股＋实股＋股份期权激励计划主要内容：一是授予对象。管理、技术骨干和高管层共二十位。二是持股形式。第一部分,持股计划。在增资扩股中由管理、技术骨干和高管层自愿现金出资持股。第二部分,岗位干股计划。其一,岗位干股设置目的着重考虑被激励对象的历史贡献和现实业绩表现,只要在本计划所规定的岗位就有资格获得岗位干股。其二,岗位干股落实办法,分配依据所激励岗位的重要性和本人的业绩表现,岗位干股于每年年底公司业绩评定之后都进行重新调整和授予,作为名义上的股份记在各经理人员名上,目的是为了获得其分红收益。岗位干股的授予总额为当期资产净值的10%。第三部分,股份期权计划。其一,股份期权设置目的着重于公司的未来战略发展,实现关键人员的人力资本价值最大化。其二,股份期权的授予从原股东资产净值中分出10%转让给被激励对象。依据每位经理人员的人力资本量化比例确定获得的股份期权数。本计划开始实施时一次性授予,可假定为2004年1月1日。以一元一股将公司当期资产净值划分为若干股份,授予价格即为每股一元。行权时经理人员以每股一元的价格购买当时已增值的公司股份。

案例分析:

第一,激励模式。这是一个处于高速成长期的民营企业,构建稳定的核心团队和留住员工最为关键。通过多层次的股权激励方案设计,一方面,公司上下能够分享公司的成长价值,实现了员工主动参与企业经营管理;另一方面,岗位干股设置体现了员工对公司的现实贡献;股份期权设计反映了公司的战略规划,接受股份期权的人数很少,但少数有发展潜力的核心人员却足以构建长期稳定的核心团队。这种模式是动态的、开放的,既民主,又能体现公司的意愿设计。

第二,激励作用。这个方案通过干股设置实现了短期激励,通过现金购股和股份期权实现了长期激励,体现了公司原股东的利益共享,是一种体现股权包容性的企业文化,有较好的激励效果。

4. 业绩股票——上市公司

某综合类的上市公司业绩较为平稳，现金流量也较为充裕。正值公司对内部管理机制和产品业务结构及行业进行大刀阔斧的改革和重组创新时期，企业结构发生了较大调整。为了保持业绩稳定和核心人力资源方面的优势，公司对骨干员工和高级管理人员实行业绩股票计划，这既是对管理层贡献的补偿，也有利于公司留住和吸引业务骨干，有利于管理制度的整体设计及与其他管理制度之间的协调和融合，能够降低制度安排和运行的成本。

业绩股票计划内容：一是授予对象。公司核心骨干员工和高级管理人员。二是授予条件。根据年度业绩考核结果实施奖罚。考核合格，购买本公司的流通股票并锁定，公司将提取年度净利润的2%作为对公司高管的激励基金；达不到考核标准的要给予相应的处罚，并要求受罚人员以现金在六个月之内清偿处罚资金。

案例分析：

第一，激励模式。这是一家综合类上市公司，其业绩较为平稳，现金流量也较为充裕，因此比较适合实行业绩股票计划。

第二，激励对象。该方案的激励对象包括公司骨干员工和高级管理人员，既是对管理层历史贡献的补偿，又能激励管理层为公司的长期发展及股东利益最大化而努力，有利于公司留住和吸引业务骨干，保持公司在核心人力资源方面的优势。另外，激励范围因为涉及人数不多，使公司的激励成本能得到有效控制，因此该激励范围比较合适。

第三，激励作用。该公司激励方案确定的激励力度为不大于当年净利润的2%，但分摊到每一个被激励对象后与实施业绩股票激励制度的上市公司总体比较是偏低的，虽然公司的净利润基数较大。例如，公司某年度的净利润为 1334 亿元，按规定可提取 2668 万元的激励基金，激励对象如果按 15 人计算，平均每人所获长期激励仅为 178 万元。在该公司的主营业务以传统产品为主的时候，由于传统行业的企业对人才的竞争不像高科技企业那么激烈，因此，激励力度偏小，对股权激励效果的影响不太明显。但近年来，该公司已逐步向基础设施公用事业转移，并在原有产业中重点投资发展一些附加值高、技术含量高、市场潜力较大的高科技产品，实现了产品的高科技创新和结构调整，对人才的争夺将会比传统企业激烈得多，此时的激励力度应随之调整。

另外，在该方案中，所有的激励基金被要求转化为流通股，短期激励就无法强化了，可以强化长期激励效果。因此可以考虑将激励基金部分转化为股票，而部分作为现金奖励留给个人，这样就可以比较方便地调节短期激励和长期激励的力度，使综合的激励力度最大化。

缺一不可：股权激励之"五步连贯法"基本原理与设计

企业人才激励提升之道在于关注人力资本，稳固核心团队，为此可以采用股权激励"五步连贯法"。下面介绍股权激励"五步连贯法"的设计与基本原理，将股权激励的实施分解为定股、定价、定人、定量、定时五大步骤，步步紧扣，环环相连，能够有效帮助企业增强内部凝聚力、战斗力和向心力。这个方法不仅适用于上市企业，对于未上市或准备上市的成长型中小企业来说，也能起到更大的激励效果。

1. 定股

定股的股票模式主要有四种，即期权模式、股票增值权模式、限制性股票模式和虚拟股票模式。如表 12－1 所示。

表 12 - 1　　　　　　　　　　　　定股的四种股票模式

模　式	解　析
股票期权	股票期权模式是国际上一种使用最为广泛、最为经典的股权激励模式。其内容要点：公司经股东大会同意，将预留的已发行未公开上市的普通股股票认股权作为"一揽子"报酬中的一部分，以事先确定的某一期权价格有条件地无偿授予或奖励给技术骨干和公司高层管理人员，股票期权的享有者可在规定的时期内做出行权、兑现等选择。设计和实施股票期权模式，要求公司必须是可资实施股票期权的股票来源，是公众上市公司，有合理合法的，并要求具有一个股价能基本反映股票内在价值、运作比较规范、秩序良好的资本市场载体。已成功在香港上市的联想集团和方正科技等，实行的就是股票期权激励模式
限制性股票	限制性股票指上市公司按照预先确定的条件授予激励对象一定数量的本公司股票，激励对象只有工作年限或业绩目标符合股权激励计划规定条件的，才可出售限制性股票并从中获益
股票增值权	享有股票增值权的激励对象不实际拥有股票，也不拥有股东表决权、分红权、配股权。股票增值权不能转让和用于担保、偿还债务等。每一份股票增值权与一股股票挂钩。每一份股票增值权的收益 = 股票市价 - 授予价格。其中，股票增值权的有效期各公司长短不等，股票市价一般为股票增值权持有者签署行权申请书当日的前一个有效交易日的股票收市价。一般为授予之日起六年至十年
虚拟股票	虚拟股是指公司授予激励对象一种虚拟的股票，激励对象可以据此享受一定数量的分红权和股价升值收益，但没有表决权，没有所有权，不能转让和出售，在离开企业时自动失效。又称"发起人股"或"递延股"或"红利股"，指无代价获取的股份。其持有与普通股持有人拥有的权利不同，其持有人没有表决权，干股的清偿剩余财产和盈余分配的位序均排在其他股票之后，只有在普通股或优先股持有人的权利履行后才享有对公司资产的拥有权。它也代表公司将一些库存股，有关股份是为奖励公司管理层而保存起来，但要待管理层有一定成绩后才可获得的股份

根据选用的股权激励模式的不同，股权激励方案的内容、达到的激励效果，公司的激励成本支出，也存在较大的区别。在选择适合于自己企业的股权激励模式时，应重点考虑公司的类型特点及所处不同发展阶段的情况。

2. 定人

定人即确定哪些人员可以参与股权激励计划。任何问题的解决都要找到适当的突破口，找对了方向才能更好地实施股权激励这一关系繁杂牵扯众多的难题。进行股权激励时应该弄清的问题是股权激励的对象是什么？该如何选择？

股权应该给 CEO（首席执行官）、非业务团队的负责人、团队负责人、"未来之星"、企业的上下游。如表 12 - 2 所示。

表 12 - 2 定人的股权给予对象

给予对象	实施要领
给 CEO	原则上，总经理、总裁、CEO 等人必须受到股权激励。在此，有一种情况需要引起企业家的特别注意。例如，你和几个伙伴一起合伙做企业，除你之外，另外几个伙伴只出钱但没在企业里工作；或者他们曾经在企业里工作过，但是后来因为能力问题或者价值观不同等，慢慢退出了公司
给团队负责人	对企业的业务团队负责人，也必须进行股权激励，特别是在小企业中。企业家如果感觉看不准，对这个人的能力、品行等不能确定，不到工商局注册，只把利润的一部分拿出来进行分配，可以用虚拟股权激励的方式。可以这样说："因为公司比较小，我也不知道公司有没有明天，所以公司的业务风险部分不用你们承担，但是利润由大家共享，我只拿其中的一部分，剩下是你们的。"在这种情况下，虚拟股权激励的方式也是可行的
给非业务团队的负责人	对非业务团队的负责人，例如财务总监、客服总监、研发总监，也要进行股权激励。原则上他们都可以成为企业的股东，但不一定到工商局注册，是可以采用虚拟股权进行激励的。他们虽然不是公司的注册股东，但依然可以和老板享有同等的分红待遇。而且，不同部门的负责人，职务相同，股权激励的额度可以不同；贡献不同，当然激励的额度也可以不同
给"未来之星"	"未来之星"，指的是这样一类员工：现在就非常优秀，因为种种原因还不是部门的负责人，是企业未来的栋梁，他们是企业内部可以培养的对象。对于他们，企业同样要进行股权激励
给企业的上下游	对企业的上下游也要进行股权激励。如果可以将这些人紧密捆绑在一起，就能形成一条产业链。你的同行只是这个产业链上的一个点，而你在经营整条产业链，掌握话语权。通过你的努力，形成一个点、线、面的结合体，整体力量日渐强大，他人自然难以与你的企业竞争与抗衡

以上所述，是基于企业股权激励的一般情况而言的，其中也有特殊情况，需要企业细细斟酌。

3. 定时

企业应该根据法律规定、激励中管理及约束的需要，制定相应的时间表。股权激励计划中涉及的时间，主要包括有效期、等待期、行权期、窗口期、锁定期、禁售期、解锁期。此外还有授权日、可行权日、失效日等。如表12-3所示。

表 12-3 　　　　　　　　　　股权激励计划中涉及的时间

时间点	含　义
有效期	是从授予日起到股权激励失效之日止的整个时间跨度，也叫股权激励的执行期限。在授予股权激励计划时，股权激励必须在这个期限内执行，超过这个期限，股权激励计划就作废，股权激励合同必须明确计划有效期限。从股东的角度来看，有效期越长越好，因为，对经理人的捆绑时间越长有效期越长，但从经理人的角度来看，有效期越长，其未来不可预测性越大，未来收益贴现到当期的价值就越小，对经理人的激励就越小
等待期	从授权日到最早可行权日这段时间叫等待期。股权激励计划在授予之后，激励对象不能马上行权，必须等到可行权日方能选择是否行权。这样，就可防止经理人获取投机性利润，对授予对象进行长期捆绑，就加大了激励对象的离职成本，有利于留住人才。如果激励对象在等待期离开公司，激励通常会取消
行权期	等待期结束后就进入行权期。行权日到失效日之间，对于上市公司，激励对象可根据公司价值的变化以股价被动选择一个对自己有利的时机行权，但必须在失效日之前完成行权
窗口期	公司授予了一个可以在任意交易日行权，但是法律法规又在行权期内设了窗口期，激励对象又能在窗口期内行权，我国《上市公司股权激励管理办法》第二十七条规定的窗口期是：激励对象应当在上市公司定期报告公布后第二个交易日，至下一次定期报告公布前十个交易日内行权，但不得在下列期间内行权，一是重大交易或重大事项决定过程中至该事项公布后二个交易日；二是其他可能影响股价的重大事件发生之日起至公告后二个交易日

时间点	含 义
锁定期	所谓锁定期，指的是在行权后，强制规定必须持股一段时间才能出售、转让
禁售期	有的公司做股权激励时规定，激励对象为高级管理人员、公司董事的，其在任职期间每年转让的股份不得超过其所持有本公司股份总数的 25%；在离职后半年内，不得转让其所持有的本公司股份；申报离任六个月后的十二个月内通过证券交易所挂牌交易出售本公司股份占其所持本公司股份总数的比例不得超过 50%
解锁期	解锁期即锁定期满次日起到有效期满之日止（期股）。激励对象可以对所持股份进行一次性转让或分几次转让
授权日	授权日又称授予日，即公司向激励对象授予股权激励的日期。我国《上市公司股权激励管理办法》第二十六条规定：上市公司在下列期间内不得向激励对象授予股票期权：定期报告公布前 30 日；重大交易或重大事项决定过程中至该事项公告后二个交易日；其他可能影响股价的重大事项发生之日起至公告后二个交易日
可行权日	可行权日指的是激励对象可以开始行权的日期，对于上市公司来说，必须是交易日
失效日	失效日指的是过了这一天，如果激励对象还没有行权，那么股权激励就作废，不能再行权

4. 定价

定价即定价格，就是确定员工以什么样的价格获得股票。股权激励股票价格的确定，从规定上来说根据上市公司及非上市公司及股权激励的方式会有所不同。从公司的激励目的来说，激励股权价格的确定也会有很大的差别。

上市公司的股权激励，要根据市场价，确定股权的授予价格（行权价格），股权的授予价格应不低于下列价格较高者：股权激励计划草案摘要公布前一个交易日的公司标的股票收盘价；股权激励计划草案摘要公布前三十个交易日内的公司标的股票平均收盘价。

非上市公司的股权激励，股权的授予价格没有那么多的限制，可综合考虑员工的历史贡献、公司的账面净资产值、计算便捷等多重因素。比如在新三板挂牌公司中，激励股权的价格确定有参考过去二十天股票交易平均价格的、有参照净资产价格的、有参考最后一次定增价格的、有一元的，也有突破一元但远少于净资产的，相对比较灵活。

5. 定量

股权激励中确定激励对象个人分配数量非常重要，也比较难，考虑不周全，就难以保证股权激励的公平性，难以发挥股权激励的作用。下面从三个方面来探讨。如表 12 - 4 所示。

表 12 - 4　　　　　　　股权激励计划中定量需考虑三个方面

事 项	含 义
拿多少股权激励	企业中各层级岗位的重要性和价值贡献度不一样，必须根据公司特点对激励对象所任职岗位进行分类分层级，根据各层级的特点设计不同的分配公式。然后初步确定各层级的预期激励水平，从而大致确定该层级应拿多少股权激励。在股权激励项目中，为保证激励对象个量分配的合理性，要针对各岗位层级的特点进行分别设计
给每个人分多少	股权激励最常见的问题是"给多少"？总的来说，给多少主要取决于员工的薪水、职位和公司的发展阶段。例如，公司初创时（定义在 VC 进入之前），副总持有 2% ~5% 。A 轮融资之后，副总变为 1% ~2% 。B 轮融资后，副总变为 0.5% ~1% 。C 轮或者接近 IPO 的时候，副总就是 0.2% ~0.5% 。公司除了创始人之外的核心高管（CTO、CFO 等）一般是 VP 的 2~3 倍，总监级别的一般是副总的 1/3 至 1/2，以此类推。这只是一个大约的估计，实际操作上还有很多因素。例如一个副总可能想要更多的期权，肯把他的工资降到很低。公司到后期，期权就不再以百分比来论，而是以股数来谈了
如何确定总量与分配个量	总量（股权激励的总量）和个量（参与股权激励的员工每个人分配的数量）是定量的两个部分。总量的确定一般要考虑未来总体员工持股比例，考虑控股权问题。个量我们可以从若干维度来进行衡量，如岗位价值、历史贡献、个人能力、市场稀缺、文化认同等，这些维度的评价相对有一定难度。也可以转换成其他的一套指标，比如过去几年的绩效、薪酬、司龄、战略契合、文化认同。个量的确定还应该考虑激励的力度问题，未来公司的总市值如何，给予员工的股权未来价值如何

实施步骤：股权激励方案落地实施流程解析

员工股权激励方案落地需要一个过程，诸如确定目标和方案、考核行权、召开说明会等。本文对此予以详细说明。

1. 确定目标

要想让股权激励方案成功落地，首先需要明确公司操作股权激励的主要目标是什么？在这个前提下，才可以确定股权激励的具体方案。不同公司的股权激励有不同的目标，不同阶段也有不同的目标，大致包括：充分调动公司核心员工及高管的积极性；将股东利益和经营者个人利益捆绑在一起；约束短期行为，留住人才，降低竞争威胁；保障企业的长远发展；引进优秀人才；降低高管薪酬成本；完善企业法人治理结构，促进企业建立约束机制等。

不同的目标，对应不同的激励方式。例如，如果主要目的是利益捆绑，或降低竞争威胁，避免高管另立门户或加入竞争对手，应该给予实际股份，虚拟股权的作用不大；如果目标是约束短期行为，避免一次性赋予，则应该实施有效期较长的激励方式；如果希望未来引进优秀人才，则需要留下充足的激励资源。

明确股权激励的主要目标是需要跟老板及股东、董事沟通核实的第一件事，可能需要以调查访谈、问卷、会议的方式确定。

2. 起草方案

股权激励方案是股权激励的重头戏，需要体现在具体的文本、文件上。方案是股权激励的纲领性文件，是股权激励的行动指导，就像一场音乐会的乐谱一样，是每个音符的出处和依据。在股权激励方案中，要说清楚用哪种方式激励、激励股份哪里来、激励多少、激励谁、什么条件下给予、哪种条件下撤销等。方案的内容主要包括定股、定人、定价等。

股权激励方案涉及非常多的专业问题和操作细节，一般需要聘请专业顾问起草或指导，"五步连贯法"中的"五定"每一样选择不当，轻则效果不彰，重则遗祸无穷，会将公司本已形成的稳定的管理系统打乱破坏，又无法重建。方案起草也需要跟各方沟通，包括老板、股东、董事、拟激励对象甚至非激励对象，需要听取各方想法，根据实际情况调整方向和细节。

3. 起草考核条件

激励对象获得股份激励，一般需要满足一定条件、经过一定期间，才能达到对未来努力的激发，而不是对过去功绩的肯定。这就需要设定合理的考核条件。

考核条件反映了公司股权激励的价值观和目的，决定了激励对象的努力方向。因此考核条件必须是落地和明确的，形成量化的指标，员工对将来是不是可以获得激励股份，不需要依据任何公司的主观判断或决定，有稳定清晰的预期；考核条件必须是适中的，也不能遥不可及，避免员工不需努力就能轻易获得。

此外，考核条件一般可作为股权激励方案的附件。考核条件需要人力资源部门在董事会的框架下主导指定，之后由人力资源部门负责执行。

4. 方案决议

股权激励方案及考核条件起草完毕，还需要股东会或董事会决议通过。之所以由股东会通过，是因为在涉及实际股份变更的激励方案中，将来激励对象会成为新股东加入股东会，需要进行增资或原股东出让部分股份，并且将办理公司章程的修改，办理工商变更登记，依据《中华人民共和国公司法》的要求，没有股东会的决议是无法完成的。在不涉及实际股份变更的激励方案中，比如虚拟股票制下，只需要公司管理层面的最高决策者通过即可，不需要股东层面的决议。

5. 召开说明会

说明会可以让激励对象清晰了解他可以获得的利益，真正起到激励效果。股权激励中，公司或股东一般都出让了较大利益给激励对象，但激励对象不一定能完全理解。对大多数人来讲，股权激励是陌生的，每个基本概念都需要仔细解释，股权激励方案决议通过后，最好安排一次方案说明会。且说明会最好由律师等外部顾问进行。

说明会对考核要求和行权条件进行说明，对获得股份具有更为清晰的预期，可以增加激励对象的信心，可以让激励对象明白最终获得股权的条件是什么？指引他的努力方向，达到跟公司预期同步。而由外部顾问进行说明，一是可以解释得更为专业清晰，二是身份较为中立，股东或公司让利的部分可以讲得更为客观可信。

6. 签署协议

股权激励实际上是激励方和激励对象达成的一种一定条件下利益过渡的协议安排，激励的方案内容要与每位激励对象形成书面约定才能产生最终约束力。有了协议，同时在激励对象离职、违纪等情况下公司方可有依据收回股份，在引入新投资者、进行新的激励时才不会形成僵局，激励对象才能肯定在满足条件后自己确实可以获得好处。

7. 考核行权

签署协议后，接下来会进入或长或短、或一次或几次的考核期。考核期结束后，要依据事前确定的考核指标和方案进行考核，确定激励对象是否有条件行权，有条件的进行行权，无条件的进行说明。

8. 转让登记或撤销、回购

在实际取得股权的激励中，股权激励的最后结果，就是激励对象获得股份，办理登记变为真正的股东。之后如有违纪、离职、死亡等特定情形出现，未行权的部分撤销，已行权的部分回购，回购之后重新办理股权登记，恢复到未行权以前的股份状态。

上述八项内容是股权激励的大致流程，虽然这些内容在不同的股权激励方式下会有所不同，但基本是相似的。

第十三章
并购重组：打造企业"升级版"的重要途径

并购重组是企业做大做强做优、优化资源配置、实现转型升级的有效手段。为此，本章介绍了公司并购的概念及并购的三大类型、公司重组的几种常见方式等内容。如今，并购重组的主客观条件已与过去不一样，在宏观调控政策、市场经济体制、资产组织形式、资金数量结构、生产要素构成、法律法规和观念意识等方面都发生翻天覆地的变化。但调整再调整，重组再重组的企业发展规律没有变。

公司并购常见的三种方式

并购即企业之间的兼并与收购行为，是企业法人在等价、平等、自愿、有偿的基础上，以一定的经济方式取得其他法人产权的行为，是企业进行资本运作和经营的主要形式。

企业并购有哪些方式？比较实用的一般有收购目标公司资产、整体收购目标公司、收购目标公司股权这三种形式。

1. 整体收购目标公司

整体并购是指企业以资产为基础，确定并购价格，收购企业拥有目标公司的全部产权的并购行为。总资产并购又称为净资产负债并购，是指企业以目标公司总资产（净资产与负债的和）为目标价格，受让目标公司全部产权的并购行为。目标公司的总资产包括资产与负债，因些整体并购又可分为总资产并购与负债并购两种形式。负债并购是指企业以承担目标公司的债务为条件，受让目标公司全部产权的并购行为。

整体收购目标公司完结时，目标公司不复单独存在而成为兼并方的一部分。兼并方在接受目标公司时，同时也将目标公司的债权债务、全部资产（有形与无形）、职工人员等都接收过来，然后按照自己的方式进行管理经营。在这种形式下，并购方特别需要关注目标公司的负债情况，并就有关债务承担做出明确而具体的安排，包括未列债务与或有债务。因为目标公司一旦移交给并购方，这些债务就会成为并购方的债务，由收购方承担。如若事先不清，事后被证明还存在一大笔债务需要由兼并方承担，兼并方就要背上沉重的包袱，甚至得不偿失。

2. 收购目标公司的资产

公司的资产包括有形资产和无形资产，有形资产包括不动产、原材料、现金、机械设备、生产成品等；无形资产包括商誉、许可、专利、商号、商标、知识产权、商业秘密、机密信息、技术、加工工艺、诀窍，以及向政府取得的企业经营所需的一切许可、同意、批准、授权等。收购目标公司资产指的是只获取目标公司的一部分或全部资产。

经由收购目标公司资产形式收购后，目标公司可以继续经营下去、续存下去，也可以在其认为缺少必要的资产并了结企业的债权债务而不必或不能继续经营下去时，即刻解散。无论目标公司是继续存续还是随后解散，都对收购方无任何影响，除非收购目标公司资产是以承担目标公司的部分或全部债务为代价。在这种形式下，收购方不必担心目标公司的债权债务会对收购方带来什么影响，因为依这种形式并购方取得的只是目标公司的一些物品，但是并购方需注意所收购的物品是否存在有抵押或出售限制等事情，物品本身是不会承担什么债权债务的。如有就须由目标公司先将抵押或出售限制的问题解决了，再进行并购事宜。

3. 收购目标公司的股权

收购目标公司的股权是指以目标公司股东的部分股权或全部为收购标的的收购，这是现今发生最多的一种公司并购形式。

收购目标公司股票的结果是收购方取得了目标公司的控股权，成为目标公司的大股东，和平演变，直接操纵，控制目标公司。在这种形式下，收购方会采用强行收购或协议的方式发出收购要约，取得目标公司一定数量的股份或股票。目标公司能够照常存续下去，债权债务也不易手，但其股东人员、持股比例却会发生变化，目标公司的控制权也会发生变化和转移，之后经营目标、经营方式、经营管理人员、经营作风等均可能发生变化。

上述几种方式，从不同方面、不同角度来比较，各有利弊。企业要权衡利弊，选择最佳并购形式，把风险降到最低。

公司并购的基本程序

企业并购运作过程极其复杂，涉及很多法律、经济、政策等问题，并且不同性质企业的并购操作程序也不尽相同。一个完整的公司并购过程应该包括三个阶段：并购准备阶段、并购实施阶段、并购整合阶段。

1. 并购准备阶段

在并购的准备阶段，并购公司确立并购攻略后应该尽快组成并购班子，更要对目标公司进行详细、全面的尽职调查。目标公司的合法性、产业背景、组织结构、财务状况、人事状况都属于必须调查的基本事项。具体而言，以下事项须重点调查。如表 13 - 1 所示。

表 13 - 1   并购准备阶段目标公司基本情况调查的重点事项

事 项	内 容
目标公司的主体资格及获得的批准和授权情况	公司制企业需要董事会或股东大会的批准，非公司制企业需要职工大会或上级主管部门的批准，如果并购一方为外商投资企业，还必须获得外经贸主管部门的批准。首先，应当调查目标公司的股东状况和目标公司是否具备合法的参与并购主体资格；其次，目标公司是否具备从事营业执照所确立的特定行业或经营项目的特定资格；最后，还要审查目标公司是否已经获得了本次并购所必需的批准与授权
目标公司的产权结构和内部组织结构	目标企业的性质可能是股份有限公司、有限责任公司、外商投资企业或者合伙制企业，不同性质的目标企业，对于并购方案的设计有着重要影响
目标公司重要的法律文件、重大合同	法律文件主要有：目标公司及其所有附属机构、合作方的董事和经营管理者名单、人员签署的备忘录、书面协议、保证书等。审查合同过程中应当主要考虑如下因素：合同的有效期限、合同项下公司的义务和责任、重要的违约行为、违约责任、合同的终止条件等
目标公司的资产状况	包括动产、不动产、产权证明文件以及知识产权状况，特别要对大笔应收账款和应付账款进行分析。有时在合同签订之后还需要进一步的调查工作。调查结果有可能影响并购价格或其他全局性的问题
目标公司人力资源状况	主要包括：目标公司的主要管理人员的一般情况；目标公司的工会情况；目标公司的雇员福利政策；目标公司的劳资关系等
目标公司的法律纠纷以及潜在债务	对目标公司的尽职调查往往是一个耗费时间的过程。并购方案至少应当包含以下几方面的内容：准确评估目标公司的价值、选择最优的并购财务方式、确定合适的并购模式和并购交易方式、筹划并购议程

2. 并购实施阶段

并购的实施阶段由并购谈判、签订并购合同、履行并购合同三个环节组成。

谈判环节的焦点是并购条件和并购的价格，包括并购的总价格、支付期限、支付方式、交易保护、损害赔偿、并购后的人事安排、税负等。双方通过谈判就主要方面取得一致意见后，一般会签订一份《并购意向书》（或称《备忘录》）。《并购意向书》大致包含以下内容：并购价格、并购方式、是否需要卖方股东会批准、卖方希望买方采用的支付方式、是否需要政府的行政许可、并购履行的主要条件等。此外，双方还会在《并购意向书》中约定意向书的效力，可能会包括如下条款：提供资料及信息条款（买方要求卖方进一步提供相关信息资料，卖方要求买方合理使用其所提供资料）、排他协商条款（未经买方同意，卖方不得与第三方再行协商并购事项）、保密条款（并购的任何一方不得公开与并购事项相关的信息）、费用分担条款（并购成功或者不成功所引起的费用的分担方式）、锁定条款（买方按照约定价格购买目标公司的部分股份、资产，以保证目标公司继续与收购公司谈判）、终止条款（意向书失效的条件）。

并购协议的谈判是一个漫长的过程，通常是收购方的律师在双方谈判的基础上拿出一套协议草案，然后双方律师在此基础上经过反复修改、多次磋商、最后才能定稿。并购协议应规定所有并购条件和当事人的陈述担保，至少应包括以下条款。如表 13-2 所示。

表 13-2　　　　　　并购实施阶段签订并购合同必须明确的条款

序号	内　容
1	支付方式和并购价款

续 表

序号	内 容
2	陈述与保证条款。陈述与保证条款通常是并购合同中的最长条款，内容也极其烦琐，也是保障收购方权利的主要条款。该条款是约束目标公司的条款，目标公司应保证有关的公司文件、会计账册、营业与资产状况的报表与资料的真实性
3	并购合同中会规定的合同生效条件、支付条件和交割条件。并购合同经双方签字后，可能需要等待政府有关部门的核准，或者需要并购双方履行法律规定的一系列义务（如债务公告、信息披露等），并购合同不一定马上发生预期的法律效力，收购方还需要作进一步审查后才最后确认。并购双方往往会在合同中约定并购合同的生效条件，当所附条件具备时，并购合同会对双方当事人发生法律约束力。为了促成并购合同的生效，在并购合同中往往还需要约定在合同签订后、生效前双方应该履行的义务及其期限，例如，双方应该在约定期限内取得一切有权第三方的同意、授权、核准等
4	并购合同的履行条件。履行条件往往与并购对价的支付方式联系在一起，双方一般会约定当卖方履行何种义务后，买方支付多少比例的对价
5	资产交割后的步骤和程序
6	违约赔偿条款
7	税负、并购费用等其他条款

履行并购合同是指并购合同双方依照合同约定完成各自义务的行为，包括合同生效、尾款支付完毕、产权交割。一个较为审慎的并购协议的履行期间一般分三个阶段：一是合同生效后，买方支付一定比例的对价阶段；二是在约定的期限内卖方交割转让资产或股权，之后，买方再支付一定比例的对价阶段；三是一般买方会要求在交割后的一定期限内支付最后一笔尾款，尾款支付结束后，并购合同才算真正完成。

3. 并购整合阶段

并购后整合是指当收购企业获得目标企业的股权、资产所有权或经营控制权之后进行的资产、人员等企业要素的整体系统性安排，使并购后的企业按照一定的并购目标、方针和战略有效运营。并购后整合阶段一般包括战略整合、组织机构整合、企业文化整合、人力资源整合、业务活动整合、管理活动整合、财务整合、信息系统整合等内容。

整合的过程是整个并购过程中最艰难、最关键的阶段，其中的主要法律事务尤其重要，包括以下几项，如表 13-3 所示。

表 13-3　　　　　　　　并购整合阶段的主要法律事务

序号	内　容
1	目标公司遗留的重大合同处理
2	目标公司正在进行的诉讼、调解、仲裁、谈判的处理
3	目标公司内部治理结构整顿（包括目标公司董事会议事日程、会议记录与关联公司的法律关系协调等）
4	依法安置目标公司原有工作人员

公司并购是风险很高的商业资产运作行为，操作得当可能会极大地提升资产质量，带来经济收益，提高企业的竞争力；操作不当则会使当事人陷入泥潭而难以自拔。因此，一定要经过审慎的判断和严密的论证。公司在决定进行扩张采取并购策略、在并购的操作过程中一定要仔细设计每一个并购阶段的操作步骤，将并购交易的风险降到最低。

公司重组的几种常见方式

目前我国企业重组实践中通常存在两个问题：一是片面理解企业重组为企业兼并或企业扩张，而忽视其剥离、售卖等企业资本收缩经营方式；二是混淆合并与兼并、剥离与分立等方式。进行企业重组价值来源分析，首先需要明确企业重组方式。企业重组的方式是多种多样的，常见的方式有兼并、合并、收购、接管或接收、标购、剥离、分立、破产。下面予以简单介绍。

1. 合并

合并指两家以上的公司依法令或契约归并为一个公司的行为。合并之后，原有的所有企业都不再以法律实体形式存在，会出现一个新公司，如将 A 公司与 B 公司合并成为 C 公司。按照《公司法》规定，公司合并可分为新设合并和吸收合并两种形式。一个公司吸收其他公司为吸收合并，被吸收的公司解散；两个以上公司合并设立一个新的公司为新设合并，合并各方解散。

2. 兼并

企业兼并作为一种资本经营形式，是指产权的有偿转让。兼并是合并的形式之一，等同于我国《公司法》中的吸收合并，通常是指一家企业以证券、现金或其他形式购买取得其他企业的产权、使其他企业改变法人实体或丧失法人资格，并取得对这些企业决策控制权的经济行为。

3. 收购

企业收购是指一个企业以购买部分或全部股票（或股份）的方式购买了另一企业的部分或全部所有权，或者以购买全部或部分资产（或称资产收购）的方式购买另一企业的全部或部分所有权。

收购的目标是获得对目标企业的控制权，目标企业的法人地位并不消失。其经济意义是指一家企业的经营控制权易手，原来的投资者丧失了对该企业的经营控制权，实质是取得控制权。从法律意义上讲，中国《证券法》的规定，收购是指持有一家上市公司发行在外的股份的 30% 时发出要约收购该公司股票的行为，其实质是购买被收购企业的股权。

4. 接管或接收

接管或接收是指某公司原具有控股地位的股东（通常是该公司最大的股

东）由于出售或转让股权，或者股权持有量被他人超过而控股地位旁落的情况。

5. 标购

企业标购是指一个企业直接向另一个企业的股东提出购买他们所持有的该企业股份的要约，达到控制该企业目的的行为。通常发生在该企业为上市公司的情况下。

6. 剥离

企业剥离是指一个企业出售它的下属部门（独立部门或生产线）资产给另一个企业的交易。具体地说是指企业将其部分闲置的无利可图的资产、不良资产或产品生产线、子公司或部门出售给其他企业以获得现金或有价证券。

7. 分立

分立是剥离的形式之一，是指公司将其在子公司中拥有的全部股份按比例分配给公司的股东，从而形成两家相互独立的股权结构相同的公司。我国国有企业改制中的资产剥离往往是指将国有企业非经营资产或非主营资产，以无偿划拨的方式，与企业经营资产或主营资产分离的过程。这一定义实质上与我国国有企业股份制改造中的资产剥离含义基本相同。通过资产剥离，可分立出不同的法人实体，而国家拥有这些法人实体的股权。

8. 破产

企业破产是指企业长期处于不能扭亏为盈的亏损状态，并逐渐发展为无力偿付到期债务。企业失败可分为财务失败和经营失败两种类型。财务失败又分为技术上无力偿债和破产。破产是财务失败的极端形式。企业改制中的破产，实际上是企业改组的法律程序，也是社会资产重组的形式。

公司重组模式与流程

企业重组要根据企业改制和资本营运总战略及企业自身特点来进行，关键在于选择合理的企业重组方式和重组模式。同时，在重组过程中要按照重组流程的三个阶段来操作，以使重组能够顺利实施并收到预期效果。

1. 企业重组的模式

企业重组一般有业务重组、债务重组、资产重组、股权重组、人员重组、管理体制重组等模式。如表 13 – 4 所示。

表 13 – 4　　　　　　　　　　企业重组模式

模　式	实施要领
业务重组	是指对被改组企业的业务进行划分，从而决定哪一部分业务进入上市公司业务的行为。业务重组的前提是企业重组的基础。重组时着重划分非经营性业务和经营性业务、营利性业务和非营利性业务、主营业务和非主营业务，然后把经营性业务和营利性业务纳入上市公司业务，剥离非经营性业务和非营利性业务
资产重组	是指对重组企业一定范围内的资产进行分析、优化组合和整合的活动。它是企业重组的核心
债务重组	债务重组即负债重组，是指企业负债通过债务人负债责任转移和负债转变为股权等方式进行重组的行为
股权重组	是指对企业股权进行调整的行为。它与其他重组相互关联，甚至同步进行，例如债务重组时债转股
人员重组	是指优化劳动组合，通过减员增效，提高劳动生产效率的行为
管理体制重组	是指完善企业管理体制，修订管理制度，以适应现代企业制度要求的行为

2. 企业重组的流程

企业重组一般要经过以下三个阶段。如表 13 – 5 所示。

表 13 – 5 企业重组流程

流程节点	实施要领
项目初始阶段	在项目初始阶段应明确项目的内涵及意义，并组成项目团队。将需要改进的流程与企业的经营结果如降低成本，提高利润率等直接联系起来，使企业认识到改进流程的意义。明确流程的起点与终点，以及改造完后应达成的目标，即理想的状态是什么。在这个阶段，还应组成由管理层及各相关部门成员构成的项目团队，必要时可请专家提供帮助
正式进入流程的分析及设计阶段	在这个阶段，首先对现有流程进行分析，可采用头脑风暴法，列出现有流程中存在的问题。如步骤多余，输入或输出环节出错等局部问题，或是将串行的流程定义为并行，进行的时间错误等结构性问题。通过"鱼骨法"等问题分析工具找出产出问题的原因。其次，找出现状与理想之间的差距，并在其中架设桥梁。然后据此设计出流程的各个步骤及衡量的标准。最后，提出从现状转化到理想状态的实施计划
流程的实施和改善阶段	设计完流程并非万事大吉，实施阶段是关键。在这一阶段，要先定义实施的组织结构，与相关部门及员工沟通，并提供培训。同时还要做好计划，包括由谁做、怎样做、何时做等，还要做好风险分析，即失败的可能性及对策等。然后要取得领导层对组织结构、流程的认可，才可真正开始实施。企业重组方案的实施并不意味着企业重组的终结。在社会发展日益加快的时代，企业总是不断面临新的挑战，这就需要对企业重组方案不断地进行改进，以适应新形势的需要

企业并购重组需要依照的原则

企业并购重组是为了资源更合理有效地利用而设置的，因此需要遵循以下五个原则：一是依法和依规并购重组的原则；二是实效原则；三是优势互补性原则；四是可操作性原则；五是系统性原则。

1. 依法和依规原则

企业并购引起的直接结果是目标企业法人地位的消失或控制权的改变，因而需要对目标企业的各种要素进行重新安排，以体现并购方的并购意图。但这一切不能仅从理想愿望出发，因为企业行为要受到法律法规的约束，企业并购整合的操作也要受到法律法规的约束。在整合过程中，在涉及经营权、所有权、抵押权、质权和其他物权、专利、商标、著作权、发明权、发现权和其他科技成果等知识产权，以及购销、租赁、承包、借贷、运输、委托、雇用、技术和保险等债权的设立、变更和终止时，都要依法行事。这样才能得到法律的保护，才能避免各种来自地方、部门和他人的法律风险。

2. 实效原则

整合要以收到实际效果为基本准则，即在资产、财务和人员等要素整合的过程中坚持效益最大化目标，不论采取什么方式和手段，都应该保证获得资源的优化配置、提高企业竞争能力的实际效果。而这些实际效果可以表现为企业内部员工的稳定、整合后企业经济效益的提高、企业形象的完善和各类要素的充分利用等。这里应避免整合中的华而不实、急功近利的做法。

3. 优势互补性原则

企业是由各种要素组成的经济实体，构成的各种相关要素是一种动态平衡，这种动态平衡要素是在一定条件下和一定时间内存在的。这里需要注意的是，最佳组合和平衡是针对不同企业而言的，甲企业的优势未必就是乙企业的优势，甲企业的劣势未必就是乙企业的劣势，最佳组合应该是适应环境的优势互补。因此，在整合过程中，一定要从整合的整体优势出发，善于取舍。通过优势互补实现新环境、新条件下的理想组合。

4. 可操作性原则

并购整合所涉及的程序和步骤应当是在现实条件下可操作的，或者操作所需要的设施或条件在一定条件下可以创造或以其他方式获得，不存在不可逾越的法律和事实障碍。整合的方式、内容和结果应该便于股东知晓、理解和控制。

5. 系统性原则

并购整合本身就是一项系统工程，涉及企业各种要素的整合，缺少任何一个方面，都可能带来整个并购的失败。系统的整合应包括以下内容，如表13-6所示。

表13-6 系统性整合原则应包括的内容

事 项	内 容
战略整合	关系到企业长远发展的方针和策略，并购后企业战略方向的重新定位
组织与制度整合	把企业各项活动重新部门化、制度化，建立新的组织结构，确定各部门明确的责权利关系
财务整合	使并购后的企业尽快在资本市场上树立良好形象，保证各方在财务上的稳定性、连续性和统一性
人力资源整合	企业要重新调整、分配管理人员、技术人员，进行员工的重组和调整，以使企业能正常有效地运营
文化整合	文化整合包括并购双方企业的价值观，构筑双方能够接受的企业文化、企业精神、领导风格和行为方式，为各种协调活动提供共同的心理前提
品牌整合	无论对目标公司还是并购公司而言，品牌整合的构建都是不可或缺的战略措施，品牌资产都是其发展和经营的重点，决定着整合工作所带来的协同作用能否实现

第十四章
公募与私募：依托资本市场，加快转型升级

公募和私募是企业对接资本市场的两种方式。在产品市场化竞争日益激烈的今天，企业思考资本运营的战略是必要的，但企业对接资本市场需要各方面的提升，尤其是对小企业来说，了解公募和私募的基本常识应该说是一个很好的切入点。为此，本章介绍了大公募、小公募与私募的方式，IPO（首次公开募股）流程各阶段重点内容及证监会审核环节，以及私募股权融资运作流程。

公司债的独创：大公募、小公募与私募

以往无论是债券还是票据，均只有公募和私募两种方式（公募就是公开募集的意思，私募就是非公开募集，面向合格投资者）。然而，公司债出现了三种并行可选的发行方式：大公募、小公募、私募，成为交易所债券市场的独创。那么，这三种公司债方式究竟是什么呢？

1. 大公募方式介绍

大公募的专业名叫做"面向公众投资者的公开发行的公司债券"，现在人们统一称之为"大公募"。大公募适用的投资者为公众投资者，简而言之，就

是愿意买的人都可以买，个人也可以参与进来。

大公募的发行主要满足三个条件：一是债项评级达到 AAA；二是最近三年年均利润对债券一年利息的覆盖超过 15 倍；三是累积发行债券余额不超过净资产的 40%。大公募最大的区分在于个人可参与和 AAA 的级别门槛，较严格的审核也意味着这在公司债序列中处于金字塔尖的细分、高流动性的债券板块。

大公募的审批方式由证监会审核。证监会《公司债券发行与交易管理办法》（以下简称"新《公司债办法》"）第十八条规定：资信状况符合以下标准的公司债券可以向公众投资者公开发行，也可以自主选择仅面向合格投资者公开发行：（一）发行人最近三年无债务违约或者迟延支付本息的事实；（二）发行人最近三个会计年度实现的年均可分配利润不少于债券一年利息的 15 倍；（三）债券信用评级达到 AAA 级；（四）中国证监会根据投资者保护的需要规定的其他条件。仅面向合格投资者公开发行的，未达到前款规定标准的公司债券公开发行应当面向合格投资者；中国证监会简化核准程序。

2. 小公募方式介绍

小公募的专业名叫"面向合格投资者的公开发行的公司债券"，与大公募的全称只有两个字之差。在发行方式上，小公募与企业债相同，是交易所的主流交易债券品种。小公募的适用投资者为合格投资者，主要包括 300 万元以上的金融资产个人、各类金融机构等。

小公募的发行需要具备两个条件：一是最近三年年均利润对债券一年利息的覆盖超过 15 倍；二是累积发行债券余额不超过净资产的 40%。

小公募的审核方式是由交易所预审，证监会复核。从目前的监管层推动力度来看，小公募的主要审核基本上都被下放至交易所，审核效率有望赶超协会。

3. 私募方式介绍

私募是相对于公募而言的。私募专业名叫"非公开发行的公司债券"。过去采取私募方式发行交易所的中小企业私募债，因此不少人错将新的非公开公司债/私募公司债理解为中小企业私募债。其实不然。从新《公司债办法》来看，非公开公司债/私募公司债欢迎所有企业参与，理解为交易所的非公开定向融资工具更加准确。

私募的适用投资者是合格投资者。新《公司债办法》第二十六条规定：非公开发行的公司债券应当向合格投资者发行，公开劝诱、不得采用广告和变相公开方式，每次发行对象不得超过二百人。第三十一条规定：非公开发行的公司债券仅限于合格投资者范围内转让。转让后，持有同次发行债券的合格投资者合计不得超过二百人。

私募发行的无财务要求，只要满足证券业协会负面清单即可，不对财务指标做要求，将非公开的债券交给市场自行判断，确实是市场化的一大步。

私募的审核方式是交易所预沟通，目前非公开资料仍需递交交易所先行沟通，证券业协会事后备案。但是否出具相关文件尚未明确。从目前审核情况看，非公开的备案效率十分高效。

IPO 流程各阶段重点内容及证监会审核环节

通过 IPO 寻求与资本市场的合作，已经成为企业在市场博弈中屹立不倒的有效操作途径。那么，首次公开募股上市流程及各阶段的重点内容是什么呢？证监会审核又有哪些审核环节？以下为详细介绍（见表 14-1）。

1. IPO 流程各阶段重点内容

表 14 - 1　　　　　　　　　IPO 流程中各阶段的重点内容

流程/阶段	重点内容
预备阶段	这个阶段的重点内容如下：一、为达企业整合、改制、发行及上市目标及顺利进行相关工作，公司须选定有丰富专业经验的财务顾问；二、确定自身整体运作规划方向，依据企业实际状况及资本市场发展形势；三、依据企业业务经营状况及未来拓展空间，确立自身发展策略；四、如中国资本市场对外资开放程度及市场发展速度综合考量与企业相关方风险
整合改制阶段	这个阶段的重点内容如下：一、选定主办辅导券商；二、选定中介机构，接触各专业服务机构；三、企业发行上市整体方案规划与研讨；四、企业重组方案修改；五、整账，财务重新调整规划；六、依中国政府相关规定要求进行股份设立、申报；七、股份化后企业内部组织之重整及建立相关制度
辅导阶段	这个阶段的重点内容如下：一、至中国证监会在当地派驻机构办理上市辅导登记；二、辅导券商于辅导期内进行相关辅导工作；三、按期递交辅导所需文件，并获确认
申请阶段	这个阶段的重点内容如下：一、由各中介机构参与，制作完成各项申报发行文件，主办券商及财务顾问整体协调；二、取得中国证监会派驻机构所出具之辅导证明；三、取得所需政府部门批复函件；四、向中国证监会发审委提交发行申请资料；五、修改相关文件，依审核意见补充
挂牌交易阶段	这个阶段的重点内容如下：一、取得中国证监会之核准发行上市批文；二、确定发行方案，进行路演配售；三、安排挂牌交易相关事宜，提报发行上市汇报文件

2. 证监会审核流程具体环节

根据依法行政、公开透明、集体决策、分工制衡的要求，IPO 的审核工作流程分为受理、见面、审核直至核准发行等环节（见表 14 - 2），分别由不同处室负责，相互制约、相互配合。对每一个发行人的审核决定均通过会议以集体讨论的方式提出意见，避免个人决断。

表 14 – 2　　　　　　　　　　证监会审核流程具体环节

审核环节	工作内容
材料受理、分发	中国证监会受理部门工作人员根据《中国证券监督管理委员会行政许可实施程序规定》（证监会令第 66 号）和《首次公开发行股票并上市管理办法》（证监会令第 32 号）等规则的要求，依法受理首发申请文件，并按程序转发行监管部。发行监管部综合处收到申请文件后将其分发审核一处、审核二处，同时送国家发改委征求意见。审核一处、审核二处根据发行人的行业、公务回避的有关要求以及审核人员的工作量等确定审核人员
见面会	见面会旨在建立发行人与发行监管部的初步沟通机制。会上由发行人简要介绍企业基本情况，发行监管部部门负责人介绍发行审核的理念、程序、标准及纪律要求等。见面会按照申请文件受理顺序安排，一般安排在星期一，由综合处通知相关发行人及其保荐机构。见面会参会人员包括发行人代表、综合处、发行监管部部门负责人、审核一处和审核二处负责人等
审核机制	审核机制旨在督促、安排在反馈会前后进行，提醒保荐机构及其保荐代表人做好尽职调查工作，参加人员包括审核项目的审核一处和审核二处的审核人员、两名签字保荐代表人和保荐机构的相关负责人
反馈会	审核一处、审核二处审核人员审阅发行人申请文件后，从非财务和财务两个角度撰写审核报告，提交反馈会讨论。反馈会主要讨论初步审核中关注的主要问题，确定需要发行人补充披露、解释说明以及中介机构进一步核查落实的问题。反馈会按照申请文件受理顺序安排，一般安排在星期三，由综合处组织并负责记录，参会人员有审核一处、审核二处审核人员和处室负责人等。反馈会后将形成书面意见，履行内部程序后反馈给保荐机构。反馈意见发出前不安排发行人及其中介机构与审核人员沟通。保荐机构收到反馈意见后，组织发行人及相关中介机构按照要求落实并进行回复。综合处收到反馈意见回复材料进行登记后转审核一处、审核二处。审核人员按要求对申请文件以及回复材料进行审核。 发行人及其中介机构收到反馈意见后，在准备回复材料过程中如有疑问可与审核人员进行沟通，如有必要也可与部门负责人、处室负责人进行沟通。审核过程中如发生或发现应予披露的事项，发行人及其中介机构应及时报告发行监管部并补充、修改相关材料。初审工作结束后，将形成初审报告（初稿）提交初审会讨论
预先披露	反馈意见落实完毕、国家发改委意见等相关政府部门意见齐备、财务资料未过有效期的将安排预先披露。发行监管部收到相关材料后安排预先披露，并按受理顺序安排初审会。具备条件的项目由综合处通知保荐机构报送发审会材料与预先披露的招股说明书（申报稿）

审核环节	工作内容
初审会	初审会由审核人员汇报发行人的基本情况、初步审核中发现的主要问题及其落实情况。初审会由综合处组织并负责记录，发行监管部部门负责人、审核一处和审核二处负责人、综合处、审核人员以及发审委委员（按小组）参加。初审会一般安排在星期二和星期四。根据初审会讨论情况，审核人员修改、完善初审报告。初审报告是发行监管部初审工作的总结，履行内部程序后转发审会审核。初审会讨论决定提交发审会审核的，发行监管部在初审会结束后出具初审报告，并书面告知保荐机构需要进一步说明的事项以及做好上发审会的准备工作。初审会讨论后认为发行人尚有需要进一步落实的重大问题、暂不提交发审会审核的，将再次发出书面反馈意见
发审会	发审委制度是发行审核中的专家决策机制。发审委委员共25人，分三个组，发审委处按工作量安排各组发审委委员参加初审会和发审会，并建立了相应的承诺制度、回避制度。发审委通过召开发审会进行审核工作。发审会以投票方式对首发申请进行表决，提出审核意见。每次会议独立进行表决，由7名委员参会，同意票数达到5票为通过。发审委委员投票表决采用记名投票方式，会前有工作底稿，会上有录音。发审会由发审委工作处组织，按时间顺序安排，发行人代表、项目签字保荐代表人、发审委委员、审核一处、审核二处审核人员、发审委工作处人员参加。 发审会召开5天前中国证监会发布会议公告，公布发审会审核的发行人名单、会议时间、参会发审委委员名单等。发审会先由委员发表审核意见，发行人聆询时间为45分钟，聆询结束后由委员投票表决。发审会认为发行人有需要进一步落实的问题的，将形成书面审核意见，履行内部程序后发给保荐机构
封卷工作	发行人的首发申请通过发审会审核后，需要进行封卷工作，即将申请文件原件重新归类后存档备查。封卷工作在落实发审委意见后进行。如没有发审委意见需要落实，则在通过发审会审核后即进行封卷
会后事项	会后事项是指发行人首发申请通过发审会审核后，招股说明书刊登前发生的可能影响本次发行及对投资者作出投资决策有重大影响的应予披露的事项。存在会后事项的，发行人及其中介机构应按规定向综合处提交相关说明。须履行会后事项程序的，综合处接收相关材料后转审核一处、审核二处。审核人员按要求及时提出处理意见。按照会后事项相关规定需要重新提交发审会审核的需要履行内部工作程序。如申请文件没有封卷，则会后事项与封卷可同时进行
核准发行	封卷并履行内部程序后，将进行核准批文的下发工作

私募股权融资运作流程

私募股权融资是企业发展到一定阶段时获取发展资金的重要渠道。很多公司在进行私募股权融资的过程中屡屡受挫的原因，不是其不符合私募股权融资的要求，最重要的是他们不了解向私募股权投资机构融资的正规流程。

私募股权融资是一个非常复杂的过程，其运作流程主要包括以下三个阶段若干步骤：

1. 准备阶段

在私募融资实施之前应做好以下准备工作。如表 14 - 3 所示。

表 14 - 3　　　　　　　　私募股权融资准备阶段工作内容

事　项	内　容
达成合作意向	达成合作意向，项目方与投资方互相了解
立项调查	投资方对项目方进行签约前的审慎调查
签订项目财务顾问协议	项目方与投资方就融资条件、费用收取、时间安排等问题沟通，并签订独家财务顾问协议和保密协议
选聘相关专业服务机构	项目方聘请律师、会计师、评估师以及注册代理机构等来帮助完成整个私募过程

2. 实施阶段

本阶段是整个私募融资工作的核心阶段，主要包括以下工作。如表 14 - 4 所示。

表 14 – 4	私募股权融资实施阶段工作内容
事　项	内　容
战略咨询	该阶段包括以下活动：一是战略诊断。宏观环境研究、行业研究、内部资源与能力研究、战略定位研究。二是战略规划。使命与愿景、总体战略规划、战略目标、业务单元战略规划、创新商业模式设计、关键战略举措。三是战略支撑体系构建。人力资源战略、财务与资本战略、组织与管控战略、战略实施风险与控制等
红筹重组	该阶段包括以下活动：一是红筹架构设计。二是公司红筹重组。三是股权托管与运营托管。四是业务转移
撰写商业计划书	商业计划书内容包括：公司介绍、产品介绍、项目介绍、管理团队、竞争分析、风险分析、财务分析及财务预测、投资商进入及退出方式等
寻找重点投资商	把商业计划书摘要发给选定的 30 家 ~ 50 家的投资方，从中找到有意向的投资方。经过多轮商务洽谈，最终找到重点投资方
组织投资方与项目方洽谈	组织重点投资方进行项目实地考察并进入实质谈判。谈判内容包括投资额度、具体权益、投资方式、新的董事会结构等
财务审计和专项评估	项目方与投资方达成投资意向后，投资方需要对境内公司从成立变更、公司治理、董事高管、经营业务、财务会计、资产状况、对外投资、员工聘用、保险状况、所属行业、债权债务、涉讼情况及环境保护等各个方面展开全面的尽职调查。如果有房产、土地、设备、专利等财产，则需要进行专项评估。由律师、会计师等完成项目方与投资方的合作协议的起草、商议、定稿和签约程序

3. 完成阶段

本阶段是整个私募融资工作的核心阶段，主要包括以下工作。如表 14 – 5 所示。

表 14 – 5	私募股权融资完成阶段工作内容
事　项	内　容
签署投资文件	投融资双方就相关商业和投资条款达成一致后，境内公司的实际控制人、境内公司、投资方共同签署相关投资文件、协议

续　表

事　项	内　容
投入资金配发新股	投资方将投资资金汇入境内公司银行账户，境内公司则配发相应比例新股给投资方
工商变更	在注册代理机构的协助下完成工商变更登记

第十五章
现代金融：企业转型升级的一大利器

现代金融新业态下的互联网金融、资本市场及金融产品等，为推动企业转型升级提供强大支撑，体现出金融为整个经济体系创造动态化风险传递机能的作用。尤其是互联网金融的发展，为普通企业转型升级注入了活力。基于此，本章论述了现代金融的特征、种类与作用，介绍互联网金融六大主要发展模式，强调了普通企业借力互联网金融实现转型升级的必要性和可行性。

现代金融的特征与作用

现代金融是指货币资金的融通，融通的主要对象是货币和货币资金，融通的方式是有借有还的信用方式，而组织融通的机构则为银行及其他金融机构。现代金融的范围，包括现代金融活动的各种形式和直接涉及的各个方面。金融包含的范围非常广泛，金融学已成为一门庞大的经济学科，内容包括有关银行、保险、投资、国际金融、证券市场、利率、汇率等方面的理论。

1. 现代金融的特征

现代金融最本质的内涵是转移风险，基于此，现代金融便具有了多样化、全球化和自由化这三大特征。如表 15 – 1 所示。

表 15 – 1　　　　　　　　　　　　　　　**现代金融的特性**

特　征	含　义
多样化	现代金融的形式和活动内容以及活动对象呈现多样化的特征。现代金融活动的主体之一——现代金融机构，其业务内容大大超出了古代金融机构单一的存贷汇兑业务；仅从组织形式分，就有主要从事一般的货币储存、信贷和汇兑业务的银行类金融机构和专门从事特殊货币业务的证券公司、财务公司、信托投资公司、保险公司及典当行等非银行金融机构，而银行和非银行金融机构又可根据其从事的特殊服务领域再各分为若干不同的种类。此外，现代金融的多样化还表现在其工作对象除了法定流通的货币外，还包括各种各样的货币替代品，如种类不一样的有价证券和名目繁多的信用卡
自由化	随着对金融的管制放松，出现了利率自由化、银行业务范围限定的放松等现象，金融创新不断出现
全球化	现代金融的全球化主要表现在以下方面：一是资本流动的全球化。在当今世界上，上千亿元资金瞬间就可转移到世界的任何一个地方，每天都有大量资本进行着跨国界流动。二是货币体系国际化。全球贸易和资本流动需要全球货币体系即国际货币体系。目前的牙买加体系就是一个国际货币体系。三是金融市场全球化。在业务上和地理上彼此分割的各国证券市场紧密地联系在一起，相互促进、相互影响，形成全球一体化的金融市场。四是金融机构全球化。近年来，随着全球竞争的加剧和金融风险的增加，国际上许多大银行都把扩大规模、扩展业务以提高效益和增加抗风险的能力作为发展战略，引发了全球性银行业合并和兼并的浪潮，使得超巨型跨国商业银行和投资银行不断出现。五是金融协调和监管的国际化

2. 现代金融的作用

金融是一种分散风险、转移风险的机制，现代金融最核心的作用就是为整个经济体系创造一种动态化的风险传递机能。其作用具体体现在以下三个方面，如表 15 – 2 所示。

值得注意的是，在结构调整与转型升级的"指挥棒"下，企业集团财务公司从财务人员利用现代金融知识盘活企业存量资本、探索企业理财渠道、比拼各类"财技"开始，非金融企业的这块"金字招牌"在主业风雨飘摇之时显得越发亮眼。更为重要的是，充分利用自身的差异化优势、专业化，在当

表 15－2　　　　　　　　　　现代金融的作用

作　用	含　义
资金运动的"信用中介"	金融的最基本特征和作用就是采用还本付息的方式分配资金和聚集资金，调节企事业单位、城乡居民之间的资金余缺。金融机构利用自己庞大的分支机构和良好信誉，把企事业单位、机关团体、居民个人手中零星、分散、闲置的资金集中起来，变成高效、长期、稳定的资金来源，通过借贷、投资等方式，按照信贷原则和产业、区域发展政策，投入到急需资金的部门，支持国民经济的正常运行
提高生产力的"黏合剂"和"催化剂"	货币是一种特殊商品，为社会商品运动提供价值尺度、流通手段、支付手段和储藏手段。金融机构经营货币资金，按市场需要迅速黏合各生产要素，通过货币资金运动促进商品交易，形成新的生产力。金融业通过发放贷款，代理发行股票、债券，促进企业跨地区、向国民经济的基础行业和支柱产业提供了大量的资金，跨行业联合，培育企业集团，为提高国民经济的专业化、社会化水平做出贡献，成为生产力的"催化剂"
宏观调控的重要"杠杆"	金融在建立和完善国家宏观调控体系中具有十分重要的地位。一般来说，货币供应总量和社会商品可以调节社会总需求。劳务总供给保持基本平衡，就能使物价稳定。金融业与国民经济各部门有着密切的业务联系，它能够比较深入、全面地反映成千上万个企事业单位的经济活动。同时，利率、汇率、信贷、结算等金融手段又对微观经济主体有着直接的影响。通过中央银行运用各种金融调控手段，国家可以根据宏观经济政策的需要，适时松紧银根，调控货币供应的数量、结构和价格（利率），从而调节经济发展的规模、速度和结构，在稳定物价的基础上，促进经济发展

前世界经济形势疲软、国内产量过剩之时，财务公司为集团转型升级提供了有力支撑。

互联网金融六大主要发展模式

近年来，在国家政策和市场经济的双重影响和带动下，互联网金融的发展模式也由原来固定的几种变得更加多样化，互联网金融不可避免地占据了金融媒体的重要版面，并逐渐形成第三方支付、P2P 网络借贷平台、众筹、大数据金融、信息化金融机构、互联网金融门户等六大模式。

1. 第三方支付

第三方支付是指具备一定实力和信誉保障的非银行机构，借助通信和信息安全技术，采用与各大银行签约的方式，在用户与银行支付结算系统间建立连接的电子支付模式。从广义上讲，第三方支付是指非金融机构作为收、付款人的支付中介所提供的预付卡、网络支付、银行卡收单以及中国人民银行确定的其他支付服务。如今，第三方支付已不仅仅局限于最初的互联网支付，成为线上线下全面覆盖、应用场景更为丰富的综合支付工具。

从发展路径与用户积累途径来看，目前市场上第三方支付公司的运营模式可以归为两大类：一类是独立的第三方支付模式，是指第三方支付平台完全独立于电子商务网站，仅为用户提供支付产品和支付系统解决方案，以快钱、易宝支付、汇付天下、拉卡拉等为典型代表，没有担保功能。以易宝支付为例，其最初凭借网关模式立足，针对行业做垂直支付，而后以传统行业的信息化转型为契机，凭借自身对具体行业的深刻理解，量身定制全程电子支付解决方案。另一类是以财付通、支付宝为首的依托于自有 B2C（商对客电子商务模式）、C2C（顾客对顾客电子商务模式）电子商务网站提供担保功能的第三方支付模式。货款暂由平台托管并由平台通知进行发货，卖家货款到达；在此类支付模式中，买方在电商网站选购商品后，使用第三方平台提供的账户进行货款支付，待买方检验物品进行确认后，就可以通知平台付款给卖家，这时第三方支付平台再将款项转至卖方账户。

2. 众筹

众筹大意为大众筹资或群众筹资，是指用"团购 + 预购"的形式，向网友募集项目资金。本意众筹是利用互联网和 SNS（社会性网络服务）传播的特性，集体或个人对公众展示他们的创意及项目，争取大家的关注和支持，进而获得所需要的资金援助。众筹平台的运作模式大同小异——需要资金的个人或团队将项目策划交给众筹平台，经过相关审核后，便可以在平台的网站上建立自己的页面，用来向公众介绍项目情况。

互联网知识型社群试水者——罗振宇作为自媒体视频脱口秀"罗辑思维"主讲人，其 5000 个 200 元/人的两年有效期会员账号，在 6 小时内一售而空，是众筹模式的成功案例之一。

3. P2P 网络借贷平台

P2P 网贷是指通过第三方互联网平台进行资金借贷双方的匹配，即融资者提出资金需求，并承诺给出一定比例的回报，帮助贷款人和其他贷款人一起分担一笔借款额度来分散风险，投资者需要借贷的人群可以通过网站平台寻找到有出借能力并且愿意基于一定条件出借的人群，也帮助借款人在充分比较的信息中选择有吸引力的利率条件。

目前出现了几种 P2P 网贷运营模式，一是纯线上模式，典型平台有陆金所、拍拍贷、合力贷、人人贷（部分业务）等，其特点是不结合线下的审核，资金借贷活动都通过线上进行。通常这些企业审核借款人资质的措施有视频认证、查看银行流水账单、身份认证等。二是线上线下结合的模式，以翼龙贷为代表。借款人在线上提交借款申请后，平台通过所在城市的代理商采取入户调查的方式审核借款人的还款能力、资信等情况。另外，以银票网为代表的票据理财平台则采用 P2B 的投融资模式，将个人用户闲置资金的投资渠道和优秀中小企业的融资信息彻底打通，从而实现资金的保值增值、融通共赢。这种模式风险远低于 P2P 网贷，收益远超货币基金，受到很多投资者追捧，大有后来居上的趋势。

随着互联网金融的火爆、创业热情的高涨，众多的 P2P 网贷平台若想在竞争中取胜，一方面要积累足够的借贷群体，一方面要建立良好的信誉，保证客户的资金安全。

4. 大数据金融

大数据金融是指集合海量非结构化数据，对其进行实时分析，为互联网金融机构提供客户的全方位信息，并准确预测客户行为；通过分析和挖掘客户的交易和消费信息掌握客户的消费习惯，使金融机构和金融服务平台在营销和风险控制方面有的放矢。目前，大数据服务平台的运营模式可以分为以阿里小额信贷为代表的平台模式和京东、苏宁为代表的供应链金融模式。

阿里小贷以"封闭流程＋大数据"的方式开展金融服务，凭借电子化系统对贷款人的信用状况进行核定，发放无抵押的信用贷款及应收账款抵押贷款，单笔金额在五万元以内，与银行的信贷形成了良好的互补关系。目前阿里金融只统计和使用自己的数据，会对数据进行虚假信息判断、真伪性识别。苏宁、京东商城的供应链金融模式以电商作为核心企业，以未来收益的现金流作为担保获得银行授信，为供货商提供贷款。

5. 信息化金融机构

所谓信息化金融机构，是指通过采用信息技术，对传统运营流程进行改造或重构，实现经营、管理全面电子化的银行、证券和保险等金融机构。

从整个金融行业来看，银行的信息化建设一直处于业内领先水平，不仅具有国际领先水平的金融信息技术平台，不仅建成了由电话银行、自助银行、手机银行和网上银行构成的电子银行立体服务体系，还以信息化的大手笔——数据集中工程在业内独领风骚。

除了基于互联网的创新金融服务之外，还形成了"门户"＋"网银、金融产品超市、电商"的一拖三的金融电商创新服务模式。如交行推出"交博汇"等金融服务平台、建行推出"善融商务"都是银行信息化的有力体现。

6. 互联网金融门户

互联网金融门户是指利用互联网为金融产品销售提供第三方服务的平台。它的核心就是"搜索＋比价"的模式，采用金融产品垂直比价的方式，将各家金融机构的产品放在平台上，用户通过对比挑选合适的金融产品。

互联网金融门户多元化创新发展，形成了提供高端理财投资服务和理财产品的第三方理财机构，主要为客户提供保险产品咨询、购买服务、比价等服务。这种模式不存在太多政策风险，因为其平台既不负责金融产品的实际销售，也不承担任何不良的风险，同时资金也不用通过中间平台。

互联网金融门户最大的价值就在于它的渠道价值。互联网金融分流了银行业、保险业、信托业的客户，加剧了上述行业的竞争。随着互联网金融时代的来临，对于资金的需求方来说，只要能够在一定的时间内，在可接受的成本范围内，具体的钱是来自银行、小贷公司，还是 P2P 平台，抑或信托基金、私募债等，已经不是那么重要。

整体来说，互联网金融的出现不仅弥补了以银行为代表的传统金融机构服务的空白，还提高了社会资金的使用效率。更为关键的是，金融通过互联网大众化、普及化，不仅大幅度降低了融资成本，而且更加贴近百姓和以人文本。只要互联网金融沿着上述六大方向进行深入发展，必将进一步推动挑战传统金融服务，改变金融业内各方的地位和力量对比。

"草根企业"转型升级，如何借力互联网金融

"草根企业"是指由白手起家的"草根族"管理的企业，主要指的是中小微企业。面对中小微企业的飞速发展，银行的传统业务模式已经不能满足日益增长的融资需求，出于银行方的风险和利益考虑，大门大户的企业必然

是银行借贷的首选。而广大"草根企业"就不得不另寻出路，这个出路就是互联网金融平台的发展之路。

1. 互联网金融助力草根企业转型升级

"草根企业"面临着成本上涨、经营平淡以及转型压力这三大困境。融资难和税负高成为当前转型升级难以承受之重。对此，专业人士认为，解决中小微企业融资难的问题，互联网金融具有助力作用。互联网金融的出现是国家金融秩序的一种补充，能够在一定的程度上填补部分转型升级的融资缺口。

实际上，在创新方面，互联网金融有更多的工作要做。当前的互联网金融基本上是把传统的金融服务业从线下搬到了线上，互联网金融为转型升级引入更多的流动资金作为支持，需要进行怎样的创新，则是所有互联网金融平台应该考虑的问题。

2. "草根"需要什么样的互联网金融

在参与互联网金融、评说互联网金融时，"草根们"到底需要什么样的互联网金融？现实中，以腾讯微信理财通和阿里巴巴余额宝为代表的互联网理财产品，让"草根们"在享受与银行理财产品相同高收益的同时，也能享受到与银行活期存款一样的便利；以快的打车、滴滴打车为代表的互联网支付产品，让"草根们"在舒适乘坐出租车的同时，也能享受低至零元的打车费用；以宜信、拍拍贷为代表的互联网贷款产品，让用钱"草根们"在享受便利……

上述互联网金融产品的便利性、高收益，让原本只能到银行存款贷款的"草根们"找到金钱的市场价值，让久已困于传统金融桎梏的"草根们"有更多的选择。这恰恰是互联网金融创新的初衷和互联网金融发展的原始动力。

当然，"草根们"也必须清醒地认识到互联网金融的风险属性，在享受创新的同时尽量把创新失误可能引发的风险控制在可承受、可预期的范围内。"草根们"真正需要的，是安全有保证的、收益较高的、便利的互联网金融。

参考文献

［1］王惠东.建设以人为本的企业文化［J］.管理方略，2010.

［2］张华.论企业文化功能与人本文化建设［J］.河北北方学院学报，2010.

［3］刘莹.企业文化与员工心理资本契合影响因素分析［J］.大连海事大学学报，2010，9（1）.

［4］曾晓.中小企业转型升级新样本——"大数据＋电商＋互联网金融"助推传统企业转型［J］.计算机与网络，2014（20）.

［5］赵强"互联网＋"时代：中小微企业转型升级路线图［M］.北京：北京联合出版公司，2016.

［6］汪碧刚.民营企业转型升级——基于五大典型案例分析［M］.北京：中国财富出版社，2016.

［7］王玉梅.中国企业转型升级的知识创新与产业技术创新战略联盟研究［M］.北京：科学出版社，2016.

后　记

　　企业的转型升级是一个凤凰涅槃般的重生过程，这个过程不是单纯的自我蜕变，而是需要借助外力之"火"化去腐肉，生出新肌，获得重生。首先要有重生的基因，例如顶层设计、创新实力等；其次要有重生的动力，例如组织再造、文化创新等；最后要有重生的土壤，例如"互联网＋"及股权激励、现代金融等。事实上，不管内部和外部的哪一种力量，只要想做、想转型升级，都会获得不同程度的成效，而问题的关键在于态度。

　　或许，你的企业还不具备转型升级所需的全部要件，但不要再等、再犹豫，因为形势逼人，不变必死。先动起来，哪怕先发挥一小部分的作用，也能取得局部效果，积小胜为大胜就是效果的叠加。

作者

2018 年 3 月